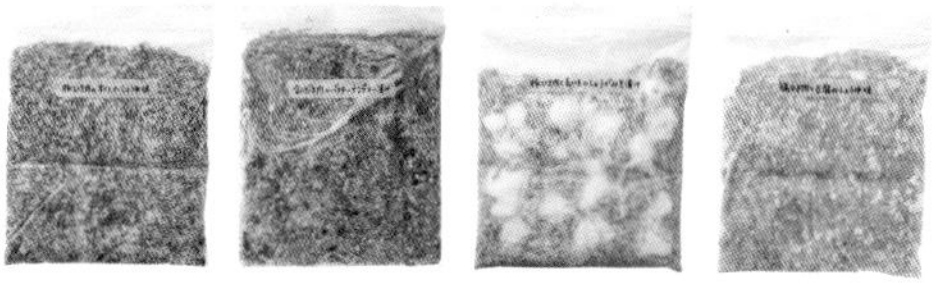

下味冷凍
スピードおかず

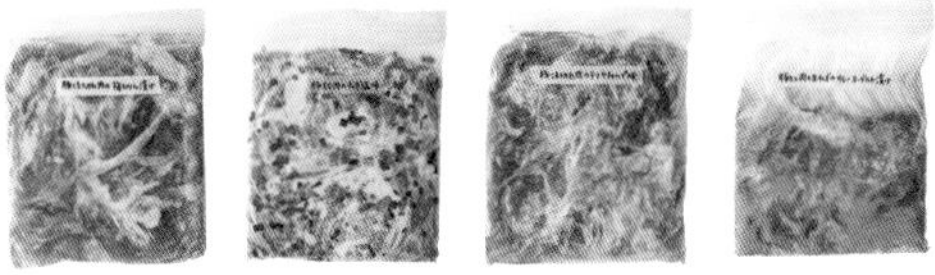

石澤清美

主婦と生活社

CONTENTS

PART1

鶏肉の下味冷凍でスピードおかず

PART2

豚肉の下味冷凍でスピードおかず

PART3 牛肉の下味冷凍でスピードおかず

PART4 ひき肉の下味冷凍でスピードおかず

PART5 魚の下味冷凍でスピードおかず

本書のレシピのルール

・計量の単位は、小さじ1は5mℓ、大さじ1は15mℓです。1mℓは1ccと同じです。
・電子レンジの加熱時間は600Wのものを基準にしています。500Wの場合は加熱時間を1.2倍に、700Wの場合は0.8倍に、1000Wの場合は約0.6倍にしてください。機種によって差が出ることがありますので、様子を見ながら加熱してください。
・上記のほか、下味冷凍に関する注意やレシピの読み方については9ページをご参照ください。

下味冷凍のイイところ

生の食材と調味料を袋に入れ、味つけしてから冷凍することを
この本では「下味冷凍」と呼んでいます。
毎日、毎食のごはん作りを劇的にラクにする、いわば“おかずの素”。
でもそれだけではありません。
家計の悩み、栄養面での心配、忙しさのイライラまで
下味冷凍が解決してくれるんです。

イイところ 1 長期保存できるから まとめ買いOK。買い物の回数が 減らせます

たくさん買って下味冷凍すれば、そのまま冷凍するよりも約１か月長くおいしさがキープできます。スーパーに行く回数も減るから、無駄買いもなくなって食費の節約につながります。

イイところ 2 下味をつけると もっとおいしく ヘルシーに食べられる

調味料や香味野菜に漬けることで肉がやわらかくなったり、魚の臭みがとれたりして、おいしさがアップ。時間とともに味がしっかりしみるから、調味料は少なめでOK。減塩にもなります。

イイところ

3 「買い物に行けなくて冷蔵庫が空っぽ！」というときにも安心

買い出しに行けないほど忙しいときや、うっかり食材をきらしたときも、下味冷凍ダネがあれば大丈夫。その安心感が、日々の食事作りのストレスを軽くしてくれます。

イイところ

4 特売品を冷凍保存。節約して家計をスマートに

スーパーの特売大容量パックも「使いきれるかな…」という心配は無用。下味冷凍すれば味も鮮度も落とさず保存できるから、迷わず買って食費を節約しちゃいましょう。

イイところ

5 フードロスをなくしてエコな暮らし

食品廃棄（フードロス）率が高い日本。家庭でも、買った食材はちゃんと使いきりたいですね。うまく保存して無駄なくいただく。それが、私たちにできるエコの第一歩です。

イイところ

6 料理がちょっと苦手でも簡単に味が決まる

料理が苦手な人にこそ実践してほしいのが下味冷凍です。そのまま加熱すれば食べられるタネばかりだから、レシピ通り材料を袋に入れて冷凍するだけで、おいしいおかずができたも同然。

イイところ

7 凍ったままや半解凍でも調理OK。味つけ済みで時短

長時間かけて解凍するのがマストではありません。半解凍なら最短1分、凍ったまま調理できるレシピもあります。味つけ済みだから調理の手間は必要最小限。食べたいときに食べられます。

下味冷凍のキホンとコツ

３ステップで冷凍できて、所要時間はほんの数分。
決して難しくありません。
基本的な手順とコツを覚えて、賢い下味冷凍ライフを。

冷凍のキホン

1 保存袋に調味料を入れて混ぜる

冷凍できる食品用保存袋に、先に調味料だけを入れる。袋の上から手でもんで、よく混ぜ合わせる。

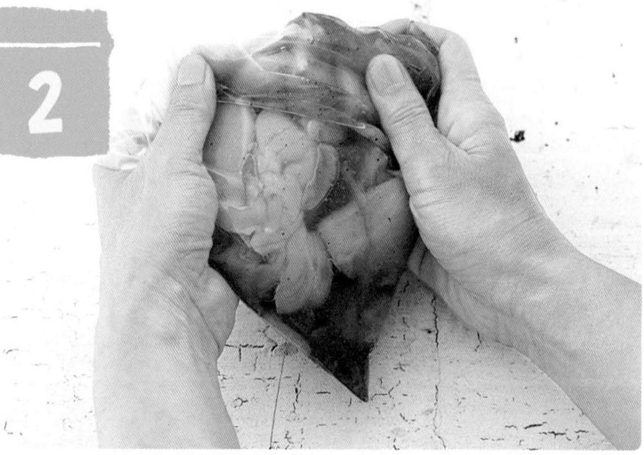

2 肉や魚を加え、もんでなじませる

肉や魚（ときには野菜）などの食材を加える。まんべんなく調味料がいきわたるように袋の上からさらにもんでなじませる。

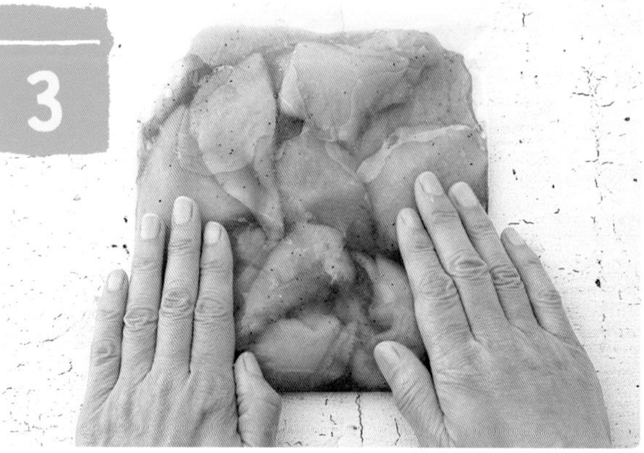

3 空気を抜き、平らにして冷凍する

袋の口を数cmだけ開けておき、中の空気を抜いてから口を閉じる。中身を平たくならしてから冷凍する。凍るまではバットにのせて冷凍室に入れておくと、平たいまま凍るのでその後収納しやすい。

冷凍のコツ

とにかく薄く 厚さ1㎝くらいにして冷凍

凍るまでの時間は短ければ短いほど味が落ちにくいので、できるだけ薄く平たくして。解凍するにも、薄いほうが短時間で解凍できます。

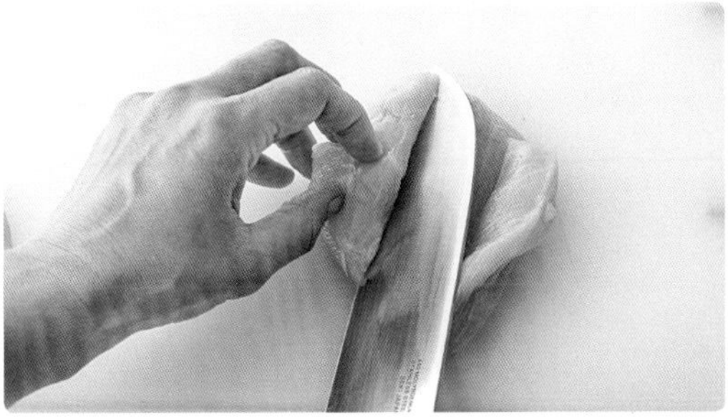

鶏もも肉やむね肉は 開いて厚さを均一に

鶏むね肉や鶏もも肉などのとくに厚い部分は冷凍前に包丁で切り目を入れて開き、厚みを均一にしておきます。

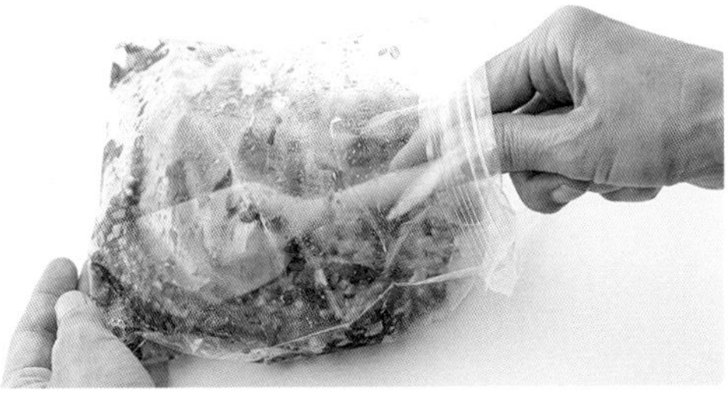

ひき肉はゴムべらや箸で混ぜて

ひき肉の場合、粘りが出るほど練ってしまうと調理するときにほぐれなくなってしまいます。ゴムべらや箸を使ってさっくりと混ぜ、調味料をなじませてください。

ひき肉ダネは筋をつけておくと便利

ひき肉ダネは袋の口を閉じたあと、半分くらいのところに箸で筋をつけておけば、解凍しなくても割って半分ずつ使えます。

金属製のバットにのせて冷凍

凍るまではバットにのせて。金属製のものなら可ですが、ステンレスやホーローよりもアルミ製のものが熱伝導率が高く、早く冷凍できます。

マスキングテープでラベリング

袋の中身をマスキングテープに書いて貼り、見分けやすく。油性ペンで袋に直接書いてもOK。さらに冷凍した日付も書いておくと、賞味期限の目安に。

解凍するときは…

冷蔵室で
解凍するのがベスト！

冷凍室から冷蔵室に移してひと晩おき、ゆっくり冷蔵解凍するのが、味を落とさず失敗がないベストな方法。揚げものや、ひき肉を成形するときなどは凍っている部分がないようきちんと解凍してから調理を。オーブンやトースターで調理するときも、焼きムラを防ぐため解凍するのがベターです。ドリップ(うまみを含んだ液体)が出やすく、味が落ちるので、冷凍状態から生までずっと常温解凍はNG。またエコの観点からも、流水解凍はおすすめできません。水道水は10℃以上あり、解凍には温度が高すぎます。

「半解凍」って？

表面だけを溶かして
扱いやすくする

半解凍とは、冷凍ダネの表面だけが解凍された状態。切り身の肉や魚なら、手で1切れずつに分けられるくらい、ひき肉なら包丁でサクッと切れるくらいが目安です。半解凍すると格段に作業しやすくなります。本書では、半解凍でも調理できるレシピをたくさんご紹介しています。下記のいずれかの方法でおこなってください。

【半解凍の方法】

●冷蔵室で2～3時間
●耐熱皿にのせ、600Wの電子レンジで約1分加熱
●金属製のバットにのせ、ときどき返しながら常温で10～15分おく

凍ったまま調理できるメニューも

すぐ食べたいときは「凍ったままでOK」のレシピを

なかにはカチカチの冷凍状態のまま、調理を始められるメニューもあります。帰宅後すぐに食べたいとき、冷凍ダネはあるけれど解凍し忘れてしまった、というときは「凍ったままでOK」のマークを探してください(マークの見方は右ページ下を参照)。弱めの火でじっくり焼いたり、ふたをして蒸し焼きにしたり、火が通りやすい食材なら煮ものも、解凍と調理が同時にできます。

凍ったまま入れて…

蒸し焼きに

電子レンジ解凍は△

カチカチの冷凍ダネを生の状態まで解凍するのに、電子レンジだけを使用するのはあまりおすすめしません。機種によっても、冷凍ダネの素材や厚さによっても適したW数や加熱時間が変わり、加熱しすぎる失敗の可能性があります。ただし、急ぐときの半解凍には電子レンジが便利です。

アルミバットが大活躍

冷凍するときにもアルミ製のバットがいいと紹介しましたが、解凍時ももちろん、熱伝導率のいいアルミバットにのせて解凍するのが手早い方法。あればぜひ活用してください。

冷蔵解凍時間の目安

●5～6時間で解凍
●約3時間で半解凍

厚さ約1㎝の冷凍ダネをアルミ製のバットにのせて冷蔵室に入れた場合の目安。ひき肉は多少解凍時間が短くなる傾向がありますが、様子を見て判断してください。

下味冷凍 Q&A

Q 冷凍すると味が落ちるんじゃない？

A 表面が乾燥しないから大丈夫

冷凍して味が落ちる原因は、おもに食材の表面の乾燥や酸化。冷凍ヤケを起こす原因にもなります。いくらラップで包んでも保存袋に入れても多少は乾燥しますが、調味料をなじませてから冷凍すれば、すべて解決！

Q 冷凍室のニオイはつかないの？

A 下味冷凍すればつきにくくなります

食材を冷凍するときに気になるのが冷凍室独特のニオイがうつること。下味冷凍は調味料や香味野菜を加えて冷凍するので、ニオイはほとんどつきません。

Q 素材のまま冷凍するほうが簡単なのでは？

A 下味をつけることで長もちし、おいしくなります

下味をつけると、肉も魚もおよそ１週間、冷凍保存できる期間が延びます。さらに、調味料に漬けることで肉がやわらかくなったりうまみが増したり、味つけ済みだから調理の手間が省けて、いいことずくめ。素材のまま冷凍する手軽さ以上のメリットがあります。

下味冷凍は
イイこといっぱい！

本書のレシピの読み方と注意

●保存期間について

冷凍ダネの保存期間は肉類は約１か月、魚は約２週間です。解凍した冷凍ダネは残ったら冷蔵保存し、２～３日の間に使いきってください。再冷凍はしないでください。

●保存袋について

必ず、冷凍に耐えられる、食品用の密閉できる保存袋を使用してください。耐熱ならなお可。本書で使用した保存袋は横18㎝×縦20㎝、耐熱温度100℃、耐冷温度－30℃のものです。

●マークの見分け方

解凍して調理	凍った部分がない状態まで解凍してから
半解凍でもOK	表面が溶けたら調理可（詳しくは左ページ参照）。凍った部分がない状態まで解凍しても可。どちらでもOK
凍ったままでOK	冷凍室から出してすぐに調理可

●電子レンジの加熱時間は600Wのものを基準にしています。500Wの場合は加熱時間を1.2倍に、700Wの場合は0.8倍に、1000Wの場合は約0.6倍にしてください。機種によって差が出ることがありますので、様子を見ながら加熱してください。

鶏肉の下味冷凍でスピードおかず

ヘルシーさが人気の鶏むね肉から、もも、手羽や砂肝まで、
さまざまな部位の鶏肉を下味冷凍でおいしく楽しみましょう。

CHICKEN 01

鶏むね肉のにんにくオリーブオイル漬け

むね肉を薄切りガーリックと一緒に漬けてガツンと風味づけ。
オイルにひたしておくことで加熱してもしっとりやわらかく、パサつきません。

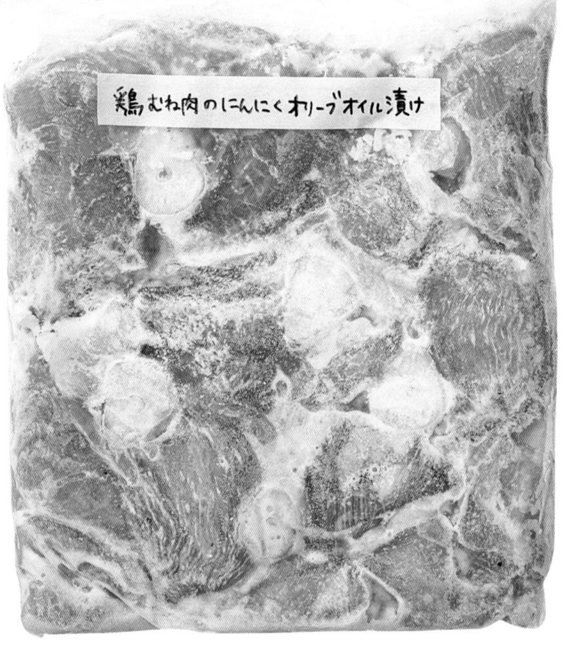

そのまま
カンタン調理例

- ソテーに
- 野菜と炒めて
- パスタの具に
- 衣をつけて
から揚げやフライに

【材料 主菜ならおよそ2人分】

鶏むね肉…1枚(250〜300ｇ)
にんにく…1片

A
薄口しょうゆ…小さじ1
酒(または水)…小さじ1
オリーブオイル…大さじ1
塩…小さじ⅓
こしょう…少々

【作り方】

1 保存袋にAを入れ、袋の上からもんでよく混ぜる。にんにくは2㎜厚さの薄切りにして加える。
2 鶏むね肉は厚い部分を開き、厚さを均一にしてから8〜10等分のひと口大に切り、1に加える。
3 空気を抜きながら口を閉じ、平たくして冷凍する。

ARRANGE 1 チキンラタトゥイユ

凍ったままでOK

【 材料 2人分 】

鶏むね肉のにんにくオリーブオイル漬け…½袋分
玉ねぎ…½個
なす…2本
ズッキーニ…½本
トマト…1個
白ワイン…大さじ2
黒オリーブの輪切り・粗びき黒こしょう…各適量

【 作り方 】

1. 玉ねぎは1㎝幅のくし形切りに、なすとズッキーニは2㎝厚さの半月切りにする。トマトはヘタを取ってざく切りにする。
2. [鶏むね肉のにんにくオリーブオイル漬け]を凍ったまま鍋に入れて中火にかける。表面の色が変わってほぐれてきたら**1**を加えてざっと炒め合わせる。
3. 全体に油が回ったら白ワインを回しかけ、ふたをして弱火で12分ほど蒸し煮する。途中1～2回ふたを開けて全体を大きく混ぜる。野菜がくったりしたらオリーブを散らし、サッと煮て器に盛る。粗びき黒こしょうをふる。

ARRANGE 2

鶏肉とコーンのガーリックから揚げ

解凍して調理

【 材料　2人分 】

鶏むね肉のにんにく
　オリーブオイル漬け…1袋分
溶き卵…1個分
ホールコーン(冷凍または水煮)
　…大さじ3
揚げ油…適量
ライム・グリーンカール
　…各適量

A
　小麦粉…大さじ3
　片栗粉…大さじ2

【 作り方 】

1 解凍した[鶏むね肉のにんにくオリーブオイル漬け]の袋に溶き卵を加えてもみ、なじんだら**A**を加えて粉っぽさがなくなるまで、さらにもむ。

2 揚げ油を低温(160℃)に熱し、**1**を衣がはがれないように注意して入れる。

3 そのままさわらずに揚げ、1分ほどして表面が固まったらときどき返しながら3分ほど、薄いキツネ色になるまで揚げる。火を強めて温度を上げ(170℃くらいに)、衣がカリッとしてキツネ色になったら取り出して油をきる。

4 保存袋に残った衣に水けをきったホールコーンを加え、軽くもんでからスプーンですくって油に入れ、カリッとするまで揚げる。

5 **3**と**4**を器に盛り、くし形に切ったライム、グリーンカールを添える。

時短POINT

保存袋の中で衣づけが完了

袋に卵と粉類を加えて袋の上からもんだら、そのまま揚げるだけ。バットやボウルを用意しなくていいんです。

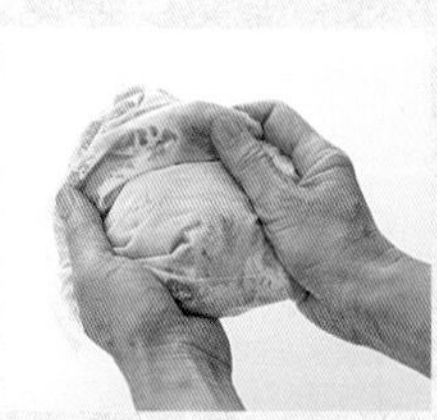

にんにくの香りが
あとひくおいしさ

ARRANGE 3

レンジ蒸しならボウルも火も使いません

蒸し鶏と水菜のサラダ

解凍して調理

【 材料　2人分 】

鶏むね肉のにんにく
　オリーブオイル漬け…½袋分
水菜…½パック(100ｇ)
ローストくるみ…10ｇ
バルサミコ酢
　…大さじ２(または酢大さじ１)
粗びき黒こしょう…少々

【 作り方 】

1 解凍した[鶏むね肉のにんにくオリーブオイル漬け]は袋から出し、耐熱皿にのせてラップをかけ、電子レンジで１分30秒加熱する。あら熱がとれるまでそのままおく。

2 水菜は４～５㎝長さのざく切りにし、刻んだくるみとともに器に盛る。

3 **1**の鶏肉を粗くさいて**2**にのせ、耐熱皿に残った漬け汁、バルサミコ酢を回しかける。粗びき黒こしょうをふる。

鶏むね肉のにんにくオリーブオイル漬け

ARRANGE 4

ご飯と炊きこむだけで
エスニックなひと皿に

海南《ハイナン》チキンライス風プレート

解凍して調理

【 材料　2～3人分 】

鶏むね肉のにんにく
　オリーブオイル漬け…1袋分
米…2合
きゅうり…½本
プチトマト…8個
香菜…適量
ナンプラー…小さじ2
酒…小さじ2
レモン・サニーレタス…各適量
豆板醤…少々

【 作り方 】

1 きゅうりは細切りに、プチトマトは縦4等分に切る。香菜は葉をつんで茎を細かく刻む。

2 米はといで通常どおりに水加減し、ナンプラー、酒を加える。そのまま30分ほど浸水させてから、解凍した[鶏むね肉のにんにくオリーブオイル漬け]を漬け汁ごとのせて炊飯する。

3 器に盛り、1、ぐし形に切ったレモン、サニーレタス、豆板醤を添える。

CHICKEN 02

鶏むね肉のみりんしょうゆ味

甘辛い照り焼き味にしょうがをひかえめに加えて、むね肉を漬けます。
定番中の定番といえる味つけだから、和食や中華に幅広くアレンジがききます。

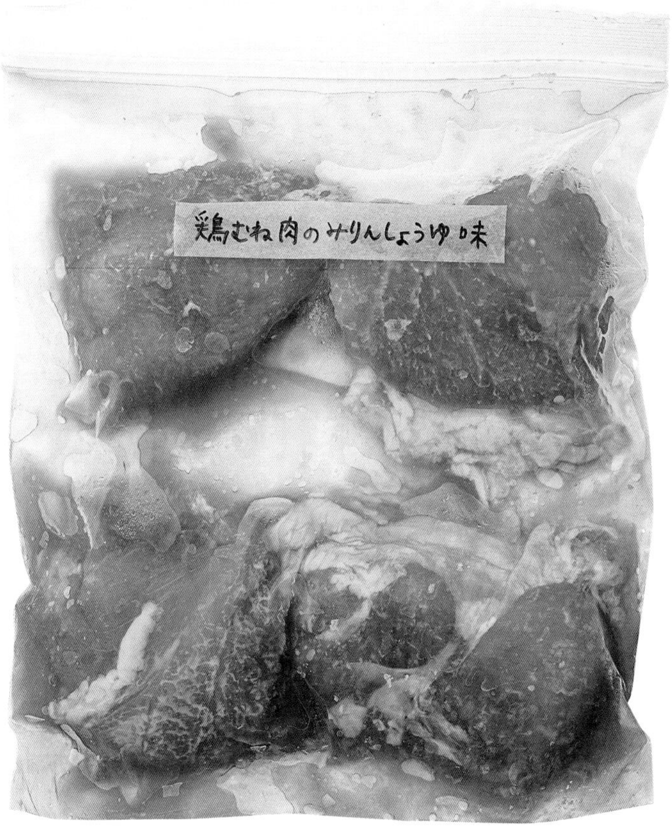

そのまま カンタン調理例

- そのまま照り焼きに
- 野菜と炒めて
- 焼いてご飯にのせてどんぶりに
- 粉をまぶして揚げればから揚げに

【材料 主菜ならおよそ2人分】

鶏むね肉…1枚(250～300g)

A
- しょうがのすりおろし…小さじ1
- しょうゆ…大さじ1
- みりん…大さじ1

【作り方】

1. 保存袋に**A**を入れ、袋の上からもんでよく混ぜる。
2. 鶏むね肉は厚い部分を開き、厚さを均一にしてから4等分に切り、**1**に加える。
3. 空気を抜きながら口を閉じ、平たくして冷凍する。

ARRANGE 1

和風ポトフ

凍ったままでOK

【 材料 2人分 】

鶏むね肉の
　みりんしょうゆ味…１袋分
セロリ…１本
ごぼう…⅓本
長ねぎ…１本
にんじん…⅓本
粒マスタード…適量

A
- 顆粒コンソメスープの素…小さじ½
- 白ワイン…大さじ１
- ローリエ（あれば）…１枚

【 作り方 】

1 セロリ、ごぼう、長ねぎは４〜５㎝長さに切り、にんじんは縦２〜４等分に切る。

2 鍋に**1**、水500㎖、**A**を入れて中火にかけ、煮立ったらふたをして弱火で５分ほど煮る。

3 [鶏むね肉のみりんしょうゆ味]を凍ったまま加え、再び煮立ったらアクをひく。５㎜ほどすき間をあけてふたをし、弱火でさらに10分煮る。器に盛り、粒マスタードを添える。

鶏むね肉のみりんしょうゆ味

ARRANGE 2

\\ ねぎだれが決め手の中華から揚げ //

ユーリンチー

解凍して調理

【 材料 2人分 】

鶏むね肉のみりんしょうゆ味…1袋分
長ねぎ…15cm
にんにく…1片
チンゲン菜…1株
片栗粉…大さじ1
揚げ油…適量

A
- 砂糖…小さじ1
- 薄口しょうゆ…大さじ1½
- 酢…大さじ1½
- ごま油…小さじ1

【 作り方 】

1. 長ねぎ、にんにくはともにみじん切りにして**A**と混ぜ合わせ、たれを作る。
2. 解凍した[鶏むね肉のみりんしょうゆ味]は汁けをきって片栗粉をまぶす。揚げ油を中温(170℃)に熱し、鶏肉を入れてカリッとするまで揚げる。
3. チンゲン菜は葉と茎に分け、葉は細切り、茎は縦8等分に切り、器に盛る。
4. **2**を食べやすく切って**3**にのせ、**1**をかける。

時短POINT

ねぎだれは作りおきしておくと使える！

酢じょうゆとごま油、刻みねぎを合わせたユーリンチーのたれは、多めに作っておくと便利。冷ややっこにかけたり、野菜や肉のあえものにも。

ARRANGE 3

\\ ふんわり卵チーズ衣とむね肉がマッチ //

鶏むね肉のピカタ

解凍して調理

【 材料　2人分 】

鶏むね肉の
　みりんしょうゆ味…1袋分
いんげん…6本
小麦粉…適量
サラダ油…適量

A	溶き卵…1個分
	粉チーズ…大さじ1
	水…大さじ1

【 作り方 】

1 解凍した[鶏むね肉のみりんしょうゆ味]はひと口大のそぎ切りにし、薄く小麦粉をまぶす。

2 **A**をボウルに入れ、卵の白身がきれてなめらかになるまで混ぜ合わせる。

3 フライパンにサラダ油を熱し、**1**を**2**にくぐらせて並べ、弱火で焼く。長さを半分に切ったいんげんも入れて焼く。

4 鶏肉の片面に焼き色がついたら返し、さらに弱火でじっくりと焼く(中まで火が通りにくい場合は、酒または水大さじ1をふってふたをし、約30秒蒸し焼きにする)。いんげんは焼けたら取り出しておく。器に盛る。

CHICKEN 03

鶏もも肉とトマトの塩オイル漬け

生のトマトともも肉をオリーブオイルに漬けます。
一度冷凍したトマトは水けが出やすくなるので、スープやソースにうまみを逃さず活用します。

そのまま
カンタン調理例

- レンチンするだけ
- スープに
- パスタの具に

【材料 主菜ならおよそ2人分】

鶏もも肉…1枚(250〜300g)
トマト…1個

A
- にんにくのすりおろし…小さじ½
- みりん…大さじ1
- 塩…小さじ½
- オリーブオイル…小さじ2

【作り方】

1 保存袋に**A**を入れ、袋の上からもんでよく混ぜる。

2 鶏もも肉は余分な脂と固い筋を取り除き、8〜10等分に切って**1**に加え、さらにもむ。

3 トマトはひと口大のざく切りにし、**2**に加えてざっと混ぜる。空気を抜きながら口を閉じ、平たくして冷凍する。

ARRANGE 1

チキンソテー トマトみそソース

半解凍でもOK

【材料 2人分】

鶏もも肉とトマトの塩オイル漬け…1袋分
玉ねぎ（1㎝厚さの輪切り）…4枚
アスパラガス…4本
白ワイン（または水）…大さじ2
みそ…小さじ1
オリーブオイル…少々

【作り方】

1 アスパラガスは根元から$\frac{1}{3}$ほどの皮を薄くむく。
2 フライパンにオリーブオイルを熱し、解凍または半解凍した［鶏もも肉とトマトの塩オイル漬け］の鶏肉を軽く汁けをきって入れ、焼く。空いたところで玉ねぎとアスパラガスも焼く。
3 焼き色がついたら白ワインをふりかけ、ふたをして2分ほど蒸し焼きにする。焼けたら取り出して器に盛る。
4 同じフライパンに保存袋に残ったトマトと漬け汁を入れ、みそを加えて混ぜながら煮つめ、**3**にかける。

鶏もも肉とトマトの塩オイル漬け

ARRANGE 2

鶏肉のチリトマト煮

凍ったままでOK

【 材料　2人分 】

鶏もも肉とトマトの
　塩オイル漬け…1袋分
玉ねぎ…⅓個
ブロッコリー…½株
しめじ…½パック
赤唐辛子…1～2本
白ワイン…大さじ2
塩…適量

【 作り方 】

1 玉ねぎは薄切りにする。ブロッコリーは小房に分ける。しめじは石づきを落としてほぐす。赤唐辛子はぬるま湯で戻して半分に切り、種を除く。

2 鍋に[鶏もも肉とトマトの塩オイル漬け]を凍ったまま入れ、ブロッコリー以外の**1**、白ワインを加えて中火にかける。

3 煮汁があがってきたらざっと混ぜ、ふたをして弱火で10分ほど蒸し煮する。

4 ブロッコリーを加え、さらに2分蒸し煮し、味をみて塩でととのえる。

具だくさんスープに鶏と
トマトのうまみたっぷり

トマトチキンスープ

凍ったままでOK

【 材料 2人分 】

鶏もも肉とトマトの
　塩オイル漬け…½袋分
キャベツ…2枚
玉ねぎ…⅓個
顆粒コンソメスープの素
　…小さじ½
白ワイン（あれば）
　…大さじ1
水…400mℓ
パセリのみじん切り
　…大さじ1

【 作り方 】

1 キャベツは3cm角に切る。玉ねぎは薄切りにする。

2 鍋にパセリ以外のすべての材料を入れて中火にかける（［鶏もも肉とトマトの塩オイル漬け］は凍ったままでもOK）。煮立ったら弱火にし、ふたをして12分ほど煮る。器に盛り、パセリ、こしょう少々（分量外）をふる。

オーブンで焼くとパプリカや
トマトの甘みがアップ

鶏肉とパプリカのパン粉焼き

半解凍でもOK

【 材料 2人分 】

鶏もも肉とトマトの
　塩オイル漬け…1袋分
玉ねぎ…⅔個
パプリカ（赤・黄）…各¼個
黒オリーブ…8粒
タイム…2～3枝
パン粉…10g
粉チーズ…大さじ1
オリーブオイル
　…小さじ2

【 作り方 】

1 玉ねぎ、パプリカはともに1cm厚さの半月切りにする。

2 **1**と解凍または半解凍した［鶏もも肉とトマトの塩オイル漬け］を耐熱皿にバランスよく並べる。オリーブ、ちぎったタイムを散らし、パン粉、粉チーズをまんべんなくふりかける。

3 オリーブオイルを回しかけ、220℃に予熱したオーブンに入れて約20分焼く。

大きめカットの

CHICKEN 04

鶏もも肉のマーマレードワイン漬け

小さく切らずにあえて大きいまま漬けると、焼いたり煮たり、
調理したあとのジューシーさが違います。"ごちそう感"も演出できます。

そのまま
カンタン調理例

- ソテーに
- ワインを足して蒸し煮
- 衣をつけてチキンカツに

【材料 主菜ならおよそ2人分】

鶏もも肉…1枚(250〜300g)
ローリエ・ローズマリーなど好みのハーブ…適量

A
- マーマレード…50g
- しょうゆ…大さじ1
- 白ワイン…大さじ1
- 塩…小さじ1/3
- こしょう…少々

【作り方】

1. 保存袋に**A**を入れ、袋の上からもんでよく混ぜる。
2. 鶏もも肉は余分な脂をと固い筋を取り除き、半分に切って**1**に加え、さらにもむ。
3. ローリエやローズマリーがあれば加え、空気を抜きながら口を閉じ、平たくして冷凍する。

ARRANGE 1

ご当地カレーを冷凍ダネで簡単に再現

野菜たっぷりスープカレー

半解凍でもOK

【材料 2人分】

鶏もも肉のマーマレードワイン漬け…１袋分
長いも…100g
玉ねぎ…½個
にんじん…⅓本
ひらたけ…１パック
にんにく…１片
カレー粉…大さじ１½
顆粒コンソメスープの素…小さじ½

【作り方】

1 玉ねぎは２cm幅のくし形切りに、にんじんはひと口大の乱切りにする。ひらたけは小房にほぐす。にんにくは半分に切って芽を除く。

2 鍋に**1**を入れて全体にカレー粉をふり、水450mℓ、顆粒コンソメスープの素を加えて火にかける。

3 煮立ったら解凍または半解凍した［鶏もも肉のマーマレードワイン漬け］を漬け汁ごと加える。再び煮立ったらアクをひいてふたをし、弱火で12分ほど煮る。

4 長いもは1.5cm厚さの半月切りにして**3**に加え、さらに３分ほど煮る。ご飯適量（分量外）を添えていただく。

時短POINT

野菜にカレー粉をふってコールドスタート

生の野菜にカレー粉をふり、水を加え、火にかけてカレーのベースに。炒めなくても、ゆっくり加熱することで野菜のうまみを引き出します。

鶏もも肉のマーマレードワイン漬け

ARRANGE 2

鍋に入れたらほうっておくだけで
おいしい一品

かぶと鶏肉のポットロースト

半解凍でもOK

【 材料 2人分 】

鶏もも肉のマーマレードワイン漬け…１袋分
かぶ…１個
玉ねぎ…$\frac{1}{2}$個
にんにく…１片
ルッコラ…適量
オリーブオイル…少々

【 作り方 】

1 かぶは皮と葉をつけたまま縦半分に切る。玉ねぎはくし形切りにする。にんにくは半分に切ってつぶす。

2 鋳物など厚手の鍋にオリーブオイルを薄く塗る。解凍または半解凍した[鶏もも肉のマーマレードワイン漬け]の鶏肉を皮目を下にして入れ、**1**をのせて、漬け汁を回しかけて火にかける。じりじりと焼ける音がしてきたらふたをして弱火で約10分焼く(厚手の鍋がない場合は、冷凍ダネを解凍してから使用する)。

3 鶏肉を裏返し、全体をざっくりと混ぜ、再びふたをして10分ほど焼く。器に盛り、ルッコラを添える。

時短POINT

鶏の皮目を下にすると焼きつける手間いらず

香ばしく焼いたほうがおいしい鶏の皮。鍋に入れるときに皮目を下にしておくと、じりじりと自然に焼き色がつきます。

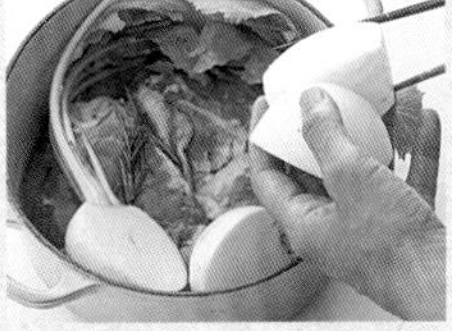

鶏もも肉のマーマレードワイン漬け

ARRANGE 3

鶏肉の赤ワイン煮

半解凍でもOK

【 材料 2人分 】

鶏もも肉のマーマレード
　ワイン漬け…1袋分
マッシュルーム…½パック
玉ねぎ…½個
にんにく…1片
じゃがいも…1個
オリーブオイル…小さじ1
イタリアンパセリ…適量
粗びき黒こしょう…少々

A
- 赤ワイン…100mℓ
- 顆粒コンソメスープの素…小さじ¼
- 水…50mℓ

【 作り方 】

1. マッシュルームは2㎜厚さに切る。玉ねぎは薄切りに、にんにくはみじん切りにする。
2. 鍋にオリーブオイルを熱し、**1**を入れて炒める。しんなりしたら解凍または半解凍した[鶏もも肉のマーマレードワイン漬け]を加える。
3. **A**を加え、煮立ったらふたをして弱火で7分蒸し煮する。ふたを取って中火で5分ほど煮つめる。
4. じゃがいもは洗って皮ごとラップで包み、電子レンジで2分30秒ほど加熱する。あら熱がとれたら皮をむき、ひと口大に割る。
5. **3**を器に盛り、**4**、イタリアンパセリを添える。粗びき黒こしょうをふる。

ARRANGE 4

鶏肉とかぼちゃのチーズクリーム煮

解凍して調理

【 材料 2人分 】

鶏もも肉のマーマレード
　ワイン漬け…1袋分
かぼちゃ…150g
玉ねぎ…½個
スナップえんどう…5本
小麦粉…大さじ½
クリームチーズ…20g
牛乳…300mℓ
顆粒コンソメスープの素
　…小さじ¼
オリーブオイル…大さじ1

【 作り方 】

1 かぼちゃは1㎝厚さのひと口大に切る。玉ねぎは1㎝角に切る。スナップえんどうは筋を取って斜め半分に切る。

2 フライパンにオリーブオイルを熱し、解凍した[鶏もも肉のマーマレードワイン漬け]の鶏肉を汁けをきってから入れ、両面を焼きつける。

3 鶏肉を端に寄せて空いたところに玉ねぎを入れて炒め、しんなりしたら小麦粉をふり入れる。粉っぽさがなくなるまでよく炒め、混ぜながら牛乳を少しずつ加える。

4 中火で少しとろみがつくまで煮て、かぼちゃ、顆粒コンソメスープの素を加えて弱火にし、ふたをする。ときどき混ぜながら、かぼちゃがやわらかくなるまで10分ほど煮る。

5 スナップえんどう、保存袋に残った漬け汁、クリームチーズを小さくちぎって加え、混ぜながらさらに1分ほど煮る。

時短POINT

ホワイトソースは簡単バージョンで

いわゆるホワイト(ベシャメル)ソースは粉とバター(油分)、牛乳だけで作りますが、炒めた具材に小麦粉をふって牛乳でのばすのが簡単です。チーズでさらにコクをアップ。

CHICKEN 05

チキンリブの塩レモン味

チキンリブ(鶏手羽中)をレモンやワインでマリネしておくと、
短時間でホロッとおいしく調理できます。手羽先や手羽元でも代用できます。

そのまま
カンタン調理例

- フライパンで焼くだけ
- 水けをふいて素揚げに
- 野菜とスープに

【 材料 主菜ならおよそ2人分 】

鶏手羽中(チキンリブ)…350g
レモンの輪切り…4枚

A
- 砂糖…大さじ½
- 塩…小さじ½
- レモン汁…大さじ½
- 白ワイン(または水)…大さじ1

【 作り方 】

1. 保存袋にAを入れ、袋の上からもんでよく混ぜる。
2. 鶏手羽中を加えてさらにもむ。
3. レモンの輪切りを加え、空気を抜きながら口を閉じ、平たくして冷凍する。

\\ レモン風味の鶏だしがおいしい //

大根と手羽中のさっぱり煮

凍ったままでOK

【 材料 2人分 】

チキンリブの
　塩レモン味…1袋分
大根…約10cm
しょうがの薄切り…2枚
だし昆布（3cm角）…1枚
薄口しょうゆ…小さじ1
酒…大さじ1

【 作り方 】

1 大根は2cm厚さのいちょう切りにする。しょうがは細切りにする。

2 鍋に［チキンリブの塩レモン味］を凍ったまま入れ、残りすべての材料と水400mℓを加えて火にかける。煮立ったら弱火にし、アクをひく。5mmほどすき間をあけてふたをし、15分ほど煮る。

3 大根がやわらかくなったら器に盛り、刻んだ三つ葉適量（分量外）を散らす。

\\ 蒸し煮してからカリッと香ばしく焼きつけて //

チキンリブのワイン蒸し焼き

半解凍でもOK

【 材料 2人分 】

チキンリブの
　塩レモン味…1袋分
キャベツ…⅙個
玉ねぎ…½個
モロッコいんげん…3本
白ワイン…50mℓ
オリーブオイル…小さじ1

【 作り方 】

1 キャベツは芯をつけたままくし形に切る。玉ねぎは1cm幅のくし形に切る。モロッコいんげんは食べやすい長さに切る。

2 鍋に解凍または半解凍した［チキンリブの塩レモン味］を漬け汁ごと入れ、空いたところにキャベツ、玉ねぎ、モロッコいんげんを加え、白ワインを回しかけて火にかける。

3 煮立ったらふたをして鶏肉に火が通るまで弱火で15分ほど蒸し煮する。

4 ふたを取り、野菜を取り出して煮汁を煮つめる。汁がほとんどなくなったらオリーブオイルを回しかけ、鶏肉の皮目に焼き色がつくまで転がしながら焼きつける。

CHICKEN 06

砂肝とねぎのしょうゆ漬け

安くて下処理も簡単で、コリッとした食感がおいしい、じつは家庭料理に使いやすい砂肝。
ねぎとしょうがじょうゆに漬けて、ご飯のおかずにもおつまみにもアレンジ。

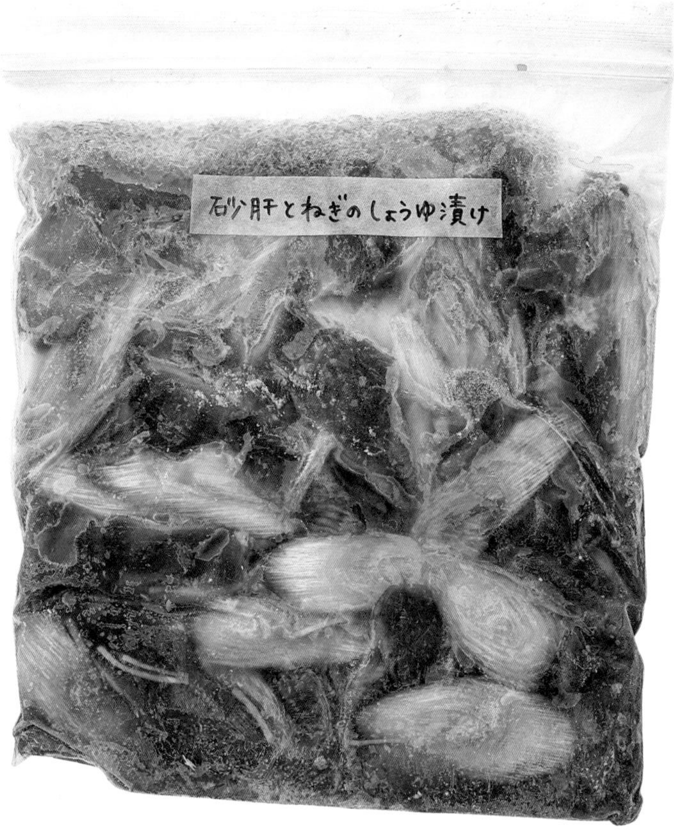

そのまま
カンタン調理例

- 炒めるだけでおつまみに
- レンチンして葉野菜と
- チャーハンや焼きそばの具に

【材料 主菜ならおよそ２人分】

砂肝…250ｇ
長ねぎ…１本
しょうがの薄切り…２枚
しょうゆ…大さじ１⅓
みりん…大さじ１

【作り方】

1. 砂肝は筋や固い部分をそぎ、厚みを半分に切る。長ねぎは斜め切りにする。しょうがは細切りにする。
2. 保存袋にしょうゆ、みりんを入れ、袋の上からもんでよく混ぜる。
3. **1**を加えてさらにもむ。空気を抜きながら口を閉じ、平たくして冷凍する。

\\ワインがすすむコリコリおつまみ//

砂肝ときのこのアヒージョ

凍ったままでOK

【 材料 2人分 】

砂肝とねぎのしょうゆ漬け…½袋分
しいたけ…2枚
まいたけ…½パック
にんにく…1片
赤唐辛子…1本
黒粒こしょう…3粒
タイム…少々
オリーブオイル…大さじ3
バゲット…適量

【 作り方 】

1 しいたけは石づきを落として薄切りにする。まいたけはほぐす。にんにくは2㎜厚さの薄切りにする。赤唐辛子はぬるま湯で戻して半分に切り、種を除く。
2 [砂肝とねぎのしょうゆ漬け]を凍ったままフライパンに入れて火にかける。表面の色が変わってほぐれてきたら**1**、こしょうを加えて炒め合わせ、肉からにじんだ汁が煮つまるまでじっくりと炒める。
3 オリーブオイルを加え、鍋底をこそげるようにしてからひと煮する。タイムを散らし、トーストしたバゲットを添える。

\\コリシャキッの歯ざわりが楽しめる//

砂肝のもやし炒め

凍ったままでOK

【 材料 2人分 】

砂肝とねぎのしょうゆ漬け…1袋分
もやし…½袋
ニラ…½わ
ごま油…小さじ1
七味唐辛子…少々

【 作り方 】

1 ニラは4～5㎝長さに切る。
2 フライパンにごま油を熱し、[砂肝とねぎのしょうゆ漬け]を凍ったまま加えてじっくりと炒める。肉からにじんだ汁が煮つまるまで炒め、もやし、ニラを加えてサッと炒め合わせる。器に盛り、七味唐辛子をふる。

PART 2

豚肉の下味冷凍でスピードおかず

豚肉の下味冷凍ダネがあれば、日々のおかずが簡単、時短。
こま切れや薄切りをはじめ、ソテー用やヒレ肉も、下味冷凍できます。

PORK 01

豚こま切れ肉の梅みりん漬け

豚肉と梅干しの酸味は相性バッチリ。みりんで甘みを加えて
食べやすく、アレンジしやすく下味冷凍します。

そのまま
カンタン調理例

- 野菜と炒めて
- 豆腐とレンジ蒸しに
- 野菜とサッと煮
- 炊きこみご飯のタネに

【材料　主菜ならおよそ2人分】

豚こま切れ肉…250ｇ
梅干し…４～５個(果肉約30ｇ)
みりん…50㎖

【作り方】

1 保存袋にちぎった梅干しの果肉、みりんを入れ、袋の上からもんでよく混ぜる。
2 豚こま切れ肉を加えてさらにもむ。
3 空気を抜きながら口を閉じ、平たくして冷凍する。

ARRANGE 1

豚肉の大根サンド蒸し

解凍して調理

【 材料　2人分 】

豚こま切れ肉の梅みりん漬け
…１袋分
大根（４㎜厚さの輪切り）…８枚
エリンギ（あれば）…⅔本ほど
片栗粉…小さじ１
万能ねぎの小口切り…適量

【 作り方 】

1. 解凍した[豚こま切れ肉の梅みりん漬け]の袋に片栗粉を加え、粉っぽさがなくなるまで袋の上からもむ。
2. **1**の¼量を軽くまとめて大根の上にのせ、さらにもう１枚の大根、適当な長さで縦半分に切ったエリンギをのせ、つまようじを刺してとめる。同様にあと３個作る。
3. 耐熱皿にのせ、ふんわりとラップをかけて電子レンジで４分加熱する。
4. 器に盛り、耐熱皿に残った蒸し汁をかける。万能ねぎを散らす。

豚こま切れ肉の梅みりん漬け

ARRANGE 2

梅豚とろろ昆布うどん

半解凍でもOK

【 材料 2人分 】

豚こま切れ肉の梅みりん漬け
…1袋分
小松菜…100ｇ
にんじん…⅙本
うどん(乾麺)…2束
(冷凍やゆでうどんでも可)
万能ねぎ…2本
とろろ昆布…ふたつまみ
A だし汁…600mℓ
薄口しょうゆ…大さじ2⅓

【 作り方 】

1 小松菜は4㎝長さに切る。にんじんは短冊切りにする。万能ねぎは斜め切りにしてサッと水にさらしてから水けをきる。

2 鍋に**A**を入れて煮立てる。解凍または半解凍した[豚こま切れ肉の梅みりん漬け]、にんじんを加え、肉をほぐしながら煮る。

3 肉の色が変わったらアクをひき、小松菜を加えてひと煮立ちさせる。

4 袋の表示通りにゆでて水けをきったうどんを器に盛り、**3**をかける(冷凍やゆでうどんの場合は、**3**の鍋に加えて温まるまで2～3分煮てから器に盛る)。万能ねぎを散らし、とろろ昆布をのせる。

ARRANGE 3

\\酢を加えてさらにさっぱり//

豚肉とひじき、切り干し大根のすっぱ煮

半解凍でもOK

【 材料 2人分 】

豚こま切れ肉の梅みりん漬け…½袋分
乾燥ひじき…10g
切り干し大根…20g
油揚げ…1枚
にんじん…⅙本
だし汁…250mℓ
酢…大さじ2

【 作り方 】

1 ひじきは15分ほど水につけて戻し、長ければ食べやすく切る。切り干し大根はサッと洗って水けを絞る。油揚げ、にんじんは短冊切りにする。
2 鍋に解凍または半解凍した[豚こま切れ肉の梅みりん漬け]を入れて火にかける。ほぐしながら炒め、肉の色が変わったら、だし汁、酢を加える。
3 煮立ったら弱めの中火にしてアクをひき、**1**を加えてときどき混ぜながら5～6分煮る。

ARRANGE 4

\\切り昆布のうまみがいきわたる//

豚肉と糸こんにゃくの炒り煮

半解凍でもOK

【 材料 2人分 】

豚こま切れ肉の梅みりん漬け…½袋分
糸こんにゃく…150g
切り昆布…10g
しょうが…大1かけ
だし汁…150mℓ
しょうゆ…大さじ½
ごま油…小さじ2

【 作り方 】

1 糸こんにゃくは下ゆでして水けをきり(アク抜き済みのものは不要)、食べやすい長さに切る。切り昆布はサッと洗って水けをきる。しょうがは細切りにする。
2 鍋にごま油を熱し、糸こんにゃくを入れて炒め、余分な水けを飛ばす。解凍または半解凍した[豚こま切れ肉の梅みりん漬け]を加えてほぐしながら炒める。
3 だし汁、しょうゆ、しょうが、切り昆布を加え、汁けがほとんどなくなるまで3～4分炒り煮にする。

PORK 02

豚ロースソテー用肉の塩はちみつ味

ソテー用のロース肉を切らずにそのまま白ワインやはちみつに漬けて下味冷凍。
華やかで目にもおいしい料理に展開できます。

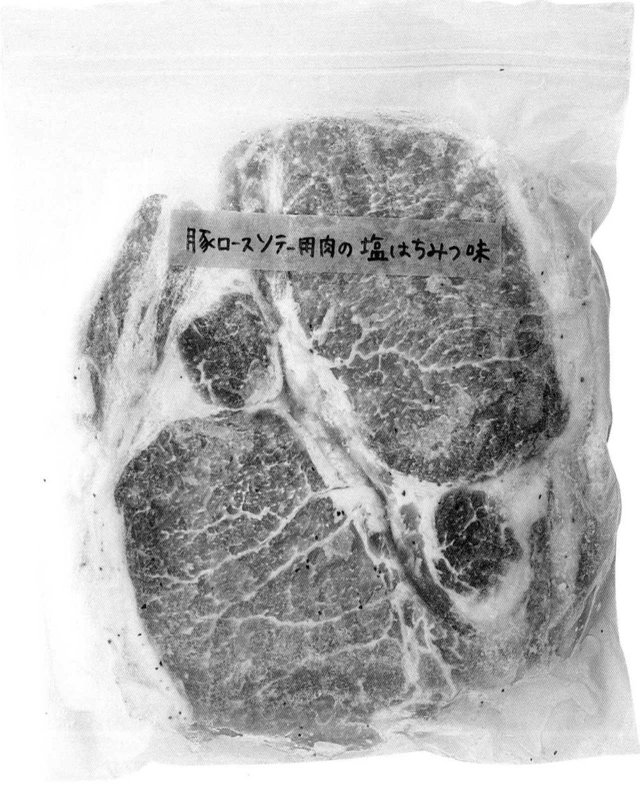

そのまま
カンタン調理例

ソテーに

野菜と蒸し煮に

焼いて野菜といっしょに
サンドイッチの具に

【材料　主菜ならおよそ2人分】

豚ロースソテー用肉
…2枚(250〜300g)

A
- はちみつ…大さじ1/2
- 白ワイン…大さじ1
- 塩…小さじ1/3
- こしょう…少々

【作り方】

1 保存袋にAを入れ、袋の上からもんでよく混ぜる。
2 豚ロース肉は筋に対して直角に切り目を入れて筋を切り、1に加える。袋の上からもんでなじませる。
3 空気を抜きながら口を閉じ、平たくして冷凍する。

ARRANGE 1

パプリカのあんかけ酢豚

解凍して調理

【 材料　2人分 】

豚ロースソテー用肉の塩はちみつ味
…1袋分
パプリカ…¼個
玉ねぎ…⅓個
揚げ油…適量

A
溶き卵…1個分
小麦粉・片栗粉…各大さじ1

B
トマトケチャップ…大さじ1
しょうゆ…大さじ1
酢…大さじ2
顆粒中華スープの素…小さじ½
砂糖…大さじ1
片栗粉…大さじ½

【 作り方 】

1 パプリカはひと口大の乱切りにする。玉ねぎはくし形切りにする。

2 解凍した[豚ロースソテー用肉の塩はちみつ味]の袋の口を少し開け、袋の上から包丁の背で軽くたたく。

3 フライパンに1㎝ほど揚げ油を入れて中温(170℃)に熱し、**1**の野菜をサッとくぐらせて素揚げにし、油をきる。

4 **2**に**A**を加え、全体がなじむまでよくもむ。衣をまとわせながら油に入れ、弱めの中火でゆっくりと3分ほど揚げる。返してさらに2分ほど揚げ、衣がカリッとしたら取り出して油をきる。食べやすい大きさに切って器に盛る。

5 鍋に**B**、水150㎖を入れて中火にかける。混ぜながらとろみがつくまで煮て、**3**を加えてひと煮立ちさせる。**4**にかける。

時短POINT

肉をたたくときは保存袋の上から

たたくと肉の繊維がほぐれてやわらかくなり、少し薄くなって火の通りもよくなります。保存袋の上からたたけばまな板や包丁が汚れません。

豚ロースソテー用肉の塩はちみつ味

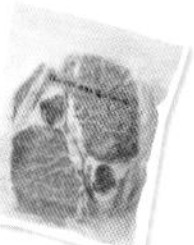

ARRANGE 2

パセリチーズ風味のポークカツ

解凍して調理

【 材料 2人分 】

豚ロースソテー用肉の塩はちみつ味…１袋分
小麦粉・揚げ油…各適量
ベビーリーフ・レモン…各適量

A
溶き卵…１個分
粉チーズ…大さじ２
水…大さじ１

B
パセリのみじん切り…大さじ４
パン粉…20ｇ

【 作り方 】

1 解凍した[豚ロースソテー用肉の塩はちみつ味]の袋の口を少し開け、袋の上から包丁の背で軽くたたく。薄く小麦粉をまぶす。

2 **A**、**B**をそれぞれ混ぜ合わせる。**1**に**A**、**B**の順に衣をつける。

3 フライパンに１cmほど揚げ油を入れて**2**を重ならないように並べ、中火にかける。ふつふつしてきたら弱火にし、そのまま３分ほどゆっくりと揚げ焼きにする。

4 返してさらに３分ほど揚げ、油をきる(火の通りが心配なときは中央に竹串を刺し、肉汁が赤くなければOK)。食べやすい大きさに切って器に盛り、ベビーリーフ、レモンを添える。

時短POINT

少なめ油で揚げ焼きを

ソテー用肉は厚みが均一なので、揚げ油は少なくてOK。肉の厚さにもよりますが、深さ１cmほどあれば十分です。

衣にハーブの香りと
チーズのコクをプラス

豚ロースソテー用肉の塩はちみつ味

ARRANGE 3

豚肉のレモンクリーム煮

解凍して調理

【 材料 2人分 】

豚ロースソテー用肉の塩はちみつ味…1袋分
エリンギ…1本
玉ねぎ…⅓個
いんげん…5本
レモン汁…½個分
白ワイン…大さじ2
牛乳…300mℓ
顆粒コンソメスープの素…小さじ¼
小麦粉…大さじ½
オリーブオイル…大さじ1⅓
レモン・イタリアンパセリ…各適量

【 作り方 】

1 エリンギの上半分は薄切りにし、下半分は6～7mm角に切る。玉ねぎ、いんげんも6～7mm角に切る。

2 解凍した[豚ロースソテー用肉の塩はちみつ味]は汁けをきって薄く小麦粉適量(分量外)をまぶす。

3 フライパンにオリーブオイル小さじ1を熱して**2**を入れ、両面を焼きつける。白ワインをふってふたをし、約1分蒸し焼きにして一度取り出す。

4 フライパンにオリーブオイル大さじ1を足し、**1**を入れて炒める。しんなりしたら小麦粉をふり入れ、粉っぽさがなくなるまで炒める。

5 牛乳、顆粒コンソメスープの素を加え、混ぜながらとろみがつくまで煮る。**3**の豚肉を戻し入れ、ときどき混ぜながら5分ほど煮る。火を止め、レモン汁を加えてひと混ぜする。

6 器に盛り、イタリアンパセリを添え、好みでさらにレモンを絞っていただく。

ARRANGE 4

ポークソテー プチトマトソース

半解凍でもOK

【 材料 2人分 】

豚ロースソテー用肉の
塩はちみつ味
…1袋分
プチトマト…15～16個
にんにくのみじん切り…1片分
オリーブオイル…大さじ1
白ワイン…大さじ2
バジル…適量

【 作り方 】

1 フライパンにオリーブオイルを熱し、解凍または半解凍した[豚ロースソテー用肉の塩はちみつ味]を入れて弱火でじっくりと焼く。片面に焼き色がついたら返し、同様に焼く。

2 にんにく、プチトマトを加えて白ワインをふり、ふたをして約1分蒸し焼きにする。豚肉を取り出して器に盛る。

3 フライパンに残った汁が半分ほどになるまで混ぜながら煮つめ、2にかける。バジルを散らす。

＼＼ 一緒に焼くだけで 甘酸っぱいソースに //

PORK 03

豚ヒレ肉と玉ねぎのカレーヨーグルト漬け

やわらかなヒレ肉にインド風の下味をつけて。玉ねぎも一緒に漬けておくのがおすすめです。
ヒレのほか、ひと口カツ用のももなど赤身肉でもOKです。

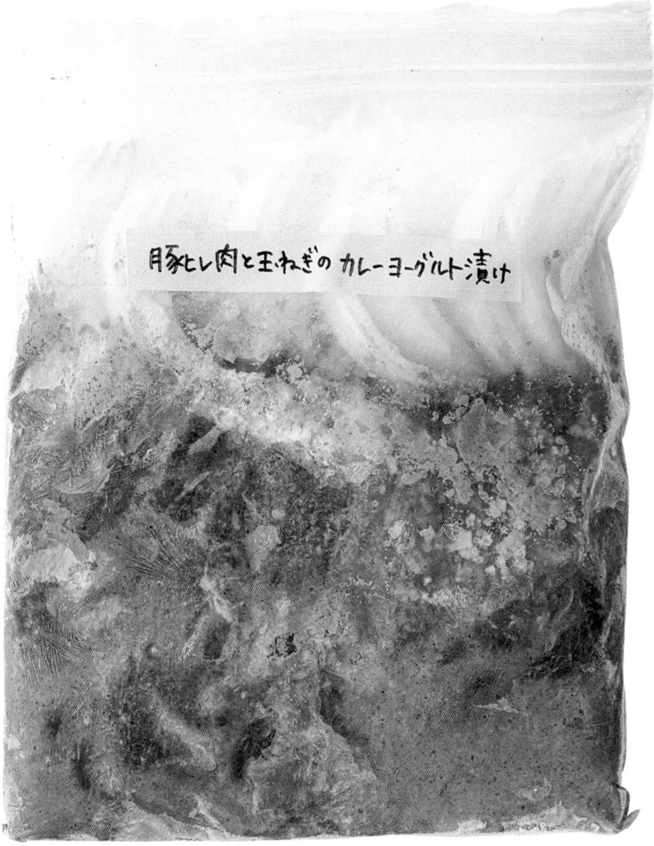

そのまま カンタン調理例

トマトジュースで煮て スープカレーに

米と炊いて カレーピラフに

【材料 主菜ならおよそ2人分】

豚ヒレ肉…250〜300ｇ（１㎝厚さ８枚ほど）
玉ねぎ…½個

A
- プレーンヨーグルト…50ｇ
- にんにくのすりおろし…１片分
- トマトケチャップ…大さじ１
- カレー粉…大さじ１½
- 塩…小さじ⅓

【作り方】

1. 保存袋に**A**を入れ、袋の上からもんでよく混ぜる。
2. 豚ヒレ肉を加え、袋の上からもんでなじませる。
3. くし形切りにした玉ねぎを加え、空気を抜きながら口を閉じ、平たくして冷凍する。

ARRANGE 1

ポークのカレーフリッター

解凍して調理

【 材料 2人分 】

豚ヒレ肉と玉ねぎの
　カレーヨーグルト漬け…１袋分
アスパラガス…４本
赤ピーマン…１個
卵…１個
小麦粉…大さじ１
揚げ油…適量
A　牛乳…大さじ３
　　小麦粉…50ｇ

【 作り方 】

1 アスパラは下⅓の皮を薄くむき、長さを半分に切る。赤ピーマンは１㎝幅の輪切りにする。ともに薄く小麦粉適量（分量外）をふる。

2 卵は卵黄と卵白に分け、卵黄には**A**を加えてダマがなくなるまで混ぜる。卵白はツノが立つまで泡立ててメレンゲにし、卵黄のボウルに加えてさっくりと混ぜ、衣を作る。

3 揚げ油を中温（170℃）に熱する。解凍した[豚ヒレ肉と玉ねぎのカレーヨーグルト漬け]の袋に小麦粉をふり入れて混ぜ、豚肉を１枚ずつ**2**にくぐらせて油に入れる。衣がはがれやすいので、１分ほどさわらないようにして揚げ、表面がカリッとしたら返しながらまんべんなく火が通るように揚げて油をきる。

4 玉ねぎ、**1**も**2**の衣をまとわせて揚げる。グリーンカール適量（分量外）と器に盛り合わせる。

ビールによく合う
スパイシー揚げ

豚ヒレ肉と玉ねぎのカレーヨーグルト漬け

ARRANGE 2

タンドリーポーク

凍ったままでOK

【 材料　2人分 】

豚ヒレ肉と玉ねぎの
　カレーヨーグルト漬け…１袋分
ライム・クレソン…各適量

【 作り方 】

1 フライパンに[豚ヒレ肉と玉ねぎのカレーヨーグルト漬け]を凍ったまま入れて火にかけ、水大さじ２を加えてふたをし、３分ほど蒸し焼きにして解凍する。

2 ふたを取り、中火で漬け汁が焦げやすいので注意しながら、豚肉を焼く。漬け汁をからめながら何度か返し、こんがりと焼き色をつける。器に盛り、半月切りにしたライム、クレソンを添える。

\\ 凍ったまま焼くだけ！ //

\\ カレー味の牛乳がポテトにしみこむ //

豚肉とじゃがいものカレーミルク焼き

【 材料　2人分 】

豚ヒレ肉と玉ねぎの
　カレーヨーグルト漬け…１袋分
じゃがいも…２個
牛乳…100～150mℓ

【 作り方 】

1 じゃがいもは２mm厚さの薄切りにする。
2 ［豚ヒレ肉と玉ねぎのカレーヨーグルト漬け］は解凍または半解凍する。耐熱皿に漬け汁をからめた豚肉、玉ねぎ、**1** を交互に並べ入れ、ひたひたに牛乳を注ぐ。
3 焦げないようにアルミホイルをふんわりとかぶせ、200℃に予熱したオーブンで15分焼く。
4 アルミホイルを取り、さらに10～15分焼く。じゃがいもに竹串を刺してみて、固ければさらに５分ほど焼く。トーストしたバゲットを添えても。

\\ ほっくりかぼちゃにカレーがマッチ //

豚肉とかぼちゃのカレースープ

凍ったままでOK

【 材料　2人分 】

豚ヒレ肉と玉ねぎの
　カレーヨーグルト漬け…½袋分
かぼちゃ…150ｇ
レタス…３枚
顆粒コンソメスープの素…小さじ½

【 作り方 】

1 かぼちゃはひと口大に切る。
2 ［豚ヒレ肉と玉ねぎのカレーヨーグルト漬け］は凍ったまま鍋に入れ、かぼちゃ、顆粒コンソメスープの素、水300mℓを加えて中火にかける。
3 煮立ったら弱火にし、ふたをしてかぼちゃがやわらかくなるまで10分ほど煮る。
4 レタスをちぎって器に入れ、煮立った **3** のスープを注ぐ。

PORK 04

豚もも肉のねぎ塩味

薄切り肉に薬味類を加え、シンプルな味つけでアレンジしやすく下味冷凍。
その都度ねぎを刻まなくてもいいだけでも、手間と時間の短縮になります。

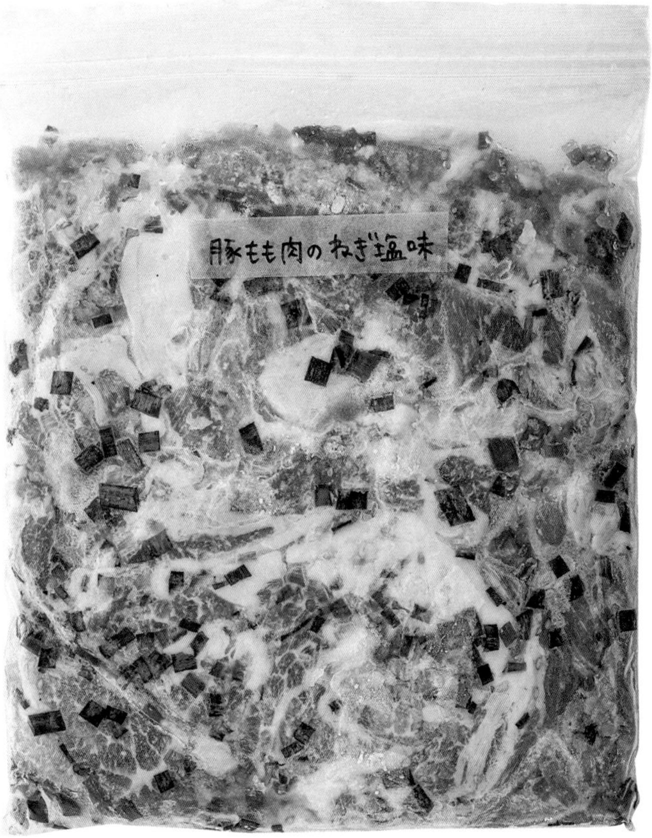

そのまま
カンタン調理例

- 野菜と蒸したり炒めたり
- 豚汁など汁ものに
- 塩味の肉じゃがに

【材料 主菜ならおよそ2人分】

豚もも薄切り肉(ロースやバラでも可)…250g
万能ねぎの小口切り…6本分

A
- 白いりごま…小さじ1
- ごま油…小さじ2
- 酒…小さじ2
- 塩…小さじ⅓

【作り方】

1 保存袋にAを入れ、袋の上からもんでよく混ぜる。万能ねぎを加えてさらに混ぜる。
2 豚もも薄切り肉を加え、袋の上からもんでなじませる。
3 空気を抜きながら口を閉じ、平たくして冷凍する。

ARRANGE 1

もっちりチヂミ

解凍して調理

【 材料　2人分 】

豚もも肉のねぎ塩味…１袋分
キムチ…100ｇ
ニラ…１わ
じゃがいも…１個
小麦粉…100ｇ
コチュジャン…小さじ２
酢…大さじ１
ごま油…適量

【 作り方 】

1 解凍した[豚もも肉のねぎ塩味]の豚肉はひと口大に切る。キムチは１～２㎝角に切る。ニラは４㎝長さに切る。
2 じゃがいもはすりおろしてボウルに入れ、水150㎖、小麦粉を加えてなめらかに混ぜ、**1** を加える。
3 直径約24㎝のフライパンにごま油を熱し**2**の半量を入れる。平らにならし、底面に焼き色がつくまで焼く。
4 返してさらに１分ほど焼いたら水大さじ２を回しかけ、ふたをして２分蒸し焼きにする。ふたを取って余分な水けを飛ばし、ごま油少々を回しかけて表面をカリッと焼きあげる。残りの生地も同様にしてもう１枚焼く。
5 食べやすい大きさに切って器に盛る。コチュジャン、酢を混ぜ合わせて添え、つけながらいただく。

時短POINT

混ぜて焼くだけで本格チヂミ

生地にじゃがいもを加えたチヂミは本場韓国でもポピュラーです。すべての材料をワンボウルで混ぜて焼くだけだから簡単。

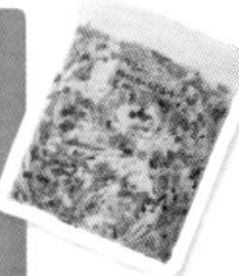

ARRANGE 2

豚肉の紅しょうが天

解凍して調理

【材料 2人分】

豚もも肉のねぎ塩味…1袋分
紅しょうが(細切り)…20g
青のり…大さじ1
溶き卵…1個分
小麦粉…大さじ5
揚げ油…適量

【作り方】

1 紅しょうがは汁けをきり、解凍した[豚もも肉のねぎ塩味]の袋に加えて混ぜる。

2 溶き卵に水大さじ2を加え混ぜ、**1**に加える。小麦粉、青のりも加え、袋の上からもんで粉っぽさがなくなるまで混ぜる。

3 揚げ油を中温(170℃)に熱し、**2**をひとつかみずつ軽くまとめながら入れて、カリッとするまで返しながら揚げる。油をきって器に盛り、好みで4等分に切ったすだち適量(分量外)を添える。

ARRANGE 3

豚肉の ねぎ塩にぎり焼き

解凍して調理

【 材料 2人分 】

豚もも肉のねぎ塩味…1袋分
ブロッコリー…½株
しいたけ…4枚
小麦粉…大さじ½
酒(または水)…大さじ2
サラダ油…少々

【 作り方 】

1 ブロッコリーは小房に分ける。しいたけは石づきを落として4等分に切る。

2 解凍した[豚もも肉のねぎ塩味]の袋に小麦粉を加え、袋の上からもんで粉っぽさがなくなるまで混ぜる。

3 **2**をひと口大ににぎって丸め、サラダ油をひいたフライパンに並べて火にかける。中火で焼き、底面が焼けたら返す。空いたところに**1**を加えて焼く。

4 全体に焼き色がついたら酒をふり、ふたをして1分ほど蒸し焼きにする。

豚もも肉のねぎ塩味

うれしい汁もののおまけつき

時短POINT

メインとスープがいっぺんに作れる!

豚肉をゆでるときにねぎやごま、下味の調味料、さらに肉のうまみがゆで汁にうつるので、少し味を足すだけでおいしいスープに。

ARRANGE 4

冷しゃぶのレタス包みとゆで汁スープ

半解凍でもOK

【 材料 2人分 】

豚もも肉のねぎ塩味…1袋分
サニーレタスなど好みの葉野菜…適量
きゅうり…½本
みょうが…2本
万能ねぎ…3本
プチトマト…6個
青じそ…4枚
酒…大さじ1
A しょうゆ…大さじ2
　 酢…大さじ2
　 ごま油…小さじ2
【ゆで汁スープ】
しょうゆ…大さじ½
焼きのり・かいわれ菜…各適量

【 作り方 】

1 サニーレタスは大きめにちぎる。きゅうりはピーラーで薄切りにする。みょうがは縦半分に切ってから薄切りにする。万能ねぎは4～5㎝長さに切る。プチトマトは縦半分に切る。

2 鍋に水400㎖、酒を入れて火にかける。一度煮立ったらグラグラさせないよう弱火にし、解凍または半解凍した[豚もも肉のねぎ塩味]の¼量を入れて、湯の中でほぐしながらゆっくりとゆでる。色が変わったら引きあげてバットにとり、そのまま冷ます。同様に残りの豚肉もゆでる。

3 1の野菜、青じそとともに2を盛り合わせ、混ぜ合わせたAを添える。

4 ゆで汁スープを作る。2の鍋にしょうゆを加えて煮立て、アクをひく。好みでこしょう少々(分量外)をふる。器にかいわれ菜、ちぎった焼きのりを入れ、スープを注ぐ。

PORK 05

豚こま切れ肉の チリケチャップ味

ケチャップに少量のチリパウダーでプラスアルファの香りと
風味をつけます。ほとんど辛味はなく、洋風アレンジがきく冷凍ダネです。

そのまま
カンタン調理例

- 卵と炒めて
- スープの具に
- 丸めて粉をまぶしてから揚げに

【材料 主菜ならおよそ2人分】

豚こま切れ肉…250g
玉ねぎのみじん切り…⅓個分
にんにくのすりおろし…1片分

A
- トマトケチャップ…大さじ2
- チリパウダー…小さじ¼
- 白ワイン…大さじ½
- 塩…小さじ½

【作り方】

1 保存袋にAを入れ、袋の上からもんでよく混ぜる。玉ねぎ、にんにくを加えてさらに混ぜる。
2 豚こま切れ肉を加え、袋の上からもんでなじませる。
3 空気を抜きながら口を閉じ、平たくして冷凍する。

＼＼たっぷり大豆をケチャップ味で／／

チリビーンズ炒め

凍ったままでOK

【 材料 2人分 】

豚こま切れ肉の
　チリケチャップ味…１袋分
セロリ…１本
蒸し大豆（または大豆水煮）
　…100g
ししとう…５本
白ワイン…大さじ１

【 作り方 】

1 セロリ、ししとうはともに斜め切りにする。
2 フライパンに[豚こま切れ肉のチリケチャップ味]を凍ったまま入れ、白ワインをふりかけてふたをし、弱めの中火で１分ほど蒸し煮にする。ふたを取って混ぜながら炒める。
3 肉の色が変わり、漬け汁が煮つまってきたらセロリ、蒸し大豆を加えてさらに２分ほど炒める。ししとうを加え、１分ほど炒め合わせる。器に盛り、あればセロリの葉を添える。

＼＼パパッとベジミートソース／／

豚肉とコロコロ野菜のトマトソースパスタ

凍ったままでOK

【 材料 2人分 】

豚こま切れ肉の
　チリケチャップ味…１袋分
にんじん…¼本
ピーマン…１個
ホールコーン（冷凍または水煮）
　…大さじ４
好みのパスタ…200g
塩・粉チーズ…各適量
A カットトマトの
　水煮缶…１缶（400g）
　白ワイン…大さじ２
　顆粒コンソメスープ
　の素…小さじ¼

【 作り方 】

1 にんじん、ピーマンはともに７㎜角に切る。
2 フライパンに[豚こま切れ肉のチリケチャップ味]を凍ったまま入れて火にかけ、弱めの火でじっくりと加熱する。肉がほぐれてきたらにんじんを加えて汁けがなくなるまで中火で炒め、**A**を加えて混ぜながら５分ほど煮る。
3 ホールコーン、ピーマンを加えてさらに２分煮る。
4 塩を加えた湯でパスタを袋の表示時間通りにゆでてざるにあげ、器に盛る。**3**をかけ、粉チーズをふる。

PART3

牛肉の下味冷凍でスピードおかず

こま切れや輸入ものなら、牛肉でもそれほど高価ではなく普段使いできます。
手間と時間をかけずに、安い牛肉でもおいしく食べられるレシピを並べました。

BEEF 01

牛こま切れ肉のみそマヨ味

みそにもマヨネーズにも、肉類をやわらかくする効果があります。
まろやかでコクのある味つけで、ご飯に合うおかず作りが簡単に。

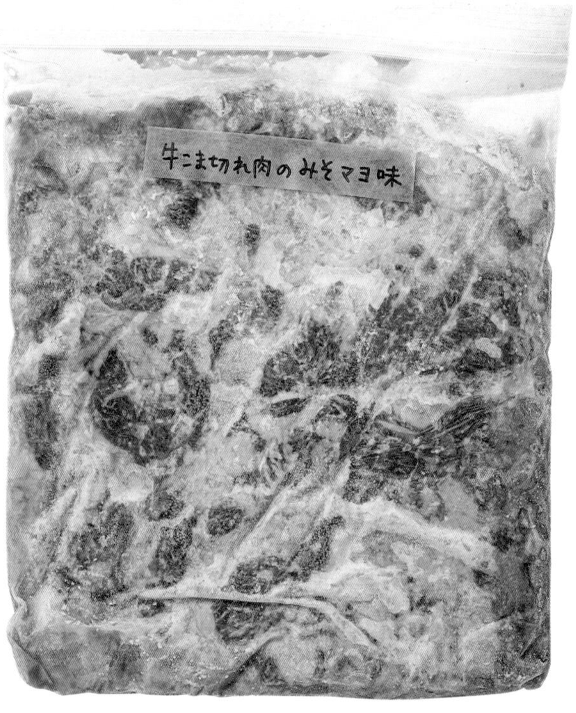

そのまま
カンタン調理例

野菜と炒めて

野菜と重ねてパン粉をふり オーブン焼きに

炒めてどんぶりに

【材料　主菜ならおよそ２人分】

牛こま切れ肉…250ｇ

A
- しょうがのすりおろし…小さじ１
- みそ…大さじ１
- マヨネーズ…大さじ１
- 水…大さじ１

【作り方】

1 保存袋に**A**を入れ、袋の上からもんでよく混ぜる。
2 牛こま切れ肉を加えてさらにもむ。
3 空気を抜きながら口を閉じ、平たくして冷凍する。

冷凍ダネを炒めるだけの韓国風どんぶり

焼き肉ビビンバ

凍ったままでOK

【 材料 2人分 】

牛こま切れ肉のみそマヨ味…１袋分
大根…⅙本(約150ｇ)
ほうれん草…100ｇ
キムチ…80ｇ
温泉卵…２個
しょうゆ…大さじ１
白すりごま…大さじ１
ご飯…適量

【 作り方 】

1 大根はピーラーで薄切りにし、塩少々(分量外)をふってしばらくおき、しんなりしたら水けを絞る。

2 ほうれん草は半分に切ってラップで包み、電子レンジで１分20秒ほど加熱する。水にとり、軽く絞ってしょうゆを回しかけてからさらに絞り、白すりごまとあえる。

3 フライパンに[牛こま切れ肉のみそマヨ味]を凍ったまま入れて火にかける。香ばしい香りが立つまで弱めの火でじっくりと加熱する。肉がほぐれたら汁けを飛ばすようにざっと炒める。

4 器にご飯を盛り、上に**1**、**2**、**3**、キムチを盛り合わせ、温泉卵をのせる。白いりごま適量(分量外)をふる。大きく混ぜていただく。

牛こま切れ肉のみそマヨ味

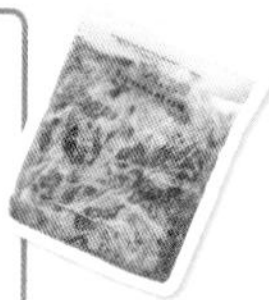

ARRANGE 2

牛こまとレタスのサッと炒め

凍ったままでOK

【 材料 2人分 】

牛こま切れ肉のみそマヨ味
…1袋分
わけぎ…½わ
レタス…⅓個
粉山椒…少々

【 作り方 】

1 わけぎは斜め切りにし、レタスは大ぶりにちぎる。

2 フライパンに[牛こま切れ肉のみそマヨ味]を凍ったまま入れて火にかける。香ばしい香りが立つまで弱めの火でじっくりと加熱する。肉がほぐれて漬け汁が煮つまってきたら、わけぎを加えて炒め合わせる。

3 仕上げにレタスを加えて大きくひと混ぜしたらすぐに火を止める。器に盛り、好みで粉山椒をふる。

時短POINT

レタスは余熱調理しておいしく時短

牛肉を炒めたら、レタスはほとんど余熱で火を通すくらいでOK。調理時間は短くてすみ、シャキシャキ食感も残せて一石二鳥。

ARRANGE 3

\\ レンチンで手軽に肉野菜蒸し //

牛肉と小松菜のレンジ蒸し

解凍して調理

【材料 2人分】

牛こま切れ肉のみそマヨ味…1袋分
小松菜…150g
大豆もやし…½袋
こしょう…少々

【作り方】

1 小松菜はざく切りにし、耐熱皿にあまり重ならないように広げて並べ入れる。
2 同様に大豆もやし、解凍した[牛こま切れ肉のみそマヨ味]の順にのせる。
3 ラップをふんわりとかけて電子レンジで4分加熱し、取り出して手早く混ぜる。
4 再度ふんわりとラップをかけてさらに30秒ほど加熱する。器に盛り、こしょうをふる。

BEEF 02

牛こま切れ肉の柚子こしょうしょうゆ漬け

柚子こしょうで辛味と香りのアクセントをつけ、甘辛いしょうゆで漬けます。
シンプルながらひねりのきいた味つけは、ちょっとおしゃれな和食にアレンジがききます。

そのまま
カンタン調理例

- ひと口大に丸めて焼いて
- 野菜とスープに
- 炒めてどんぶりに

【材料 主菜ならおよそ2人分】

牛こま切れ肉…250g

A
- 柚子こしょう…小さじ⅔
- しょうゆ…大さじ2
- みりん…大さじ1½
- 砂糖…小さじ1

【作り方】

1. 保存袋にAを入れ、袋の上からもんでよく混ぜる。
2. 牛こま切れ肉を加えてさらにもむ。
3. 空気を抜きながら口を閉じ、平たくして冷凍する。

ARRANGE 1

焼き肉のせ春菊サラダ

凍ったままでOK

【材料 2人分】

牛こま切れ肉の柚子こしょうしょうゆ漬け…1袋分
春菊…1わ(100g)
万能ねぎ…3本
スプラウト…適量
黒いりごま…小さじ1
ごま油…小さじ1

【作り方】

1 春菊は葉をつむ。万能ねぎは3㎝長さに切る。ともにスプラウトと合わせ、器に盛る。

2 フライパンにごま油、[牛こま切れ肉の柚子こしょうしょうゆ漬け]を凍ったまま入れて火にかける。香ばしい香りが立つまで弱めの火でじっくりと加熱する。肉がほぐれて漬け汁が煮つまってきたら、ざっと炒めて**1**にのせる。黒いりごまをふり、大きく混ぜていただく。

ARRANGE 2

\\ 肉じゃがに柚子とセロリの香りが新鮮 //

さっぱりセロリ入り牛じゃが

凍ったままでOK

【 材料　2人分 】

牛こま切れ肉の柚子こしょうしょうゆ漬け…１袋分
じゃがいも…小3個
玉ねぎ…$\frac{2}{3}$個
セロリ…大１本
ごま油…小さじ2
だし汁…250mℓ
塩…少々

【 作り方 】

1 じゃがいもはひと口大に切る。玉ねぎはくし形切りにする。セロリは斜め１cm幅に切る。

2 フライパンにごま油、[牛こま切れ肉の柚子こしょうしょうゆ漬け]を凍ったまま入れて火にかける。弱めの火で加熱し、肉がほぐれてところどころ色が変わってきたら玉ねぎ、セロリを加えて炒め合わせる。

3 だし汁、じゃがいもを加える。煮立ったら弱めの中火にし、アクをひく。ときどき鍋底から混ぜながら、じゃがいもがやわらかくなるまで10分ほど煮る。味をみて足りなければ塩でととのえる。器に盛り、あればセロリの葉を刻んで散らす。

肉豆腐

凍ったままでOK

【材料 2人分】

牛こま切れ肉の柚子こしょうしょうゆ漬け…1袋分
木綿豆腐…小1丁(200g)
わけぎ…½わ
にんじん…⅓本
糸こんにゃく…100g
ごま油…小さじ1
A だし汁…200mℓ
　しょうゆ…大さじ½

【作り方】

1 豆腐はひと口大に切る。わけぎは4～5㎝長さに切る。にんじんはピーラーで薄切りにする。糸こんにゃくは下ゆでして水けをきり(アク抜き済みのものは不要)、食べやすい長さに切る。

2 鍋かフライパンにごま油、[牛こま切れ肉の柚子こしょうしょうゆ漬け]を凍ったまま入れて火にかける。弱めの火で加熱する。肉がほぐれてところどころ色が変わったら肉を端に寄せ、空いたところに糸こんにゃくを加え、炒めて余分な汁けを飛ばす。

3 Aを加え、豆腐、にんじん、わけぎを加え、中火で5分ほど煮る。

牛肉と豆苗炒め

凍ったままでOK

【材料 2人分】

牛こま切れ肉の柚子こしょうしょうゆ漬け…1袋分
豆苗…1パック
長ねぎ…1本
ごま油…小さじ2

【作り方】

1 豆苗は根元を落として長さを半分に切る。長ねぎは斜め切りにする。

2 フライパンにごま油、[牛こま切れ肉の柚子こしょうしょうゆ漬け]を凍ったまま入れて火にかける。弱めの火でじっくりと炒める。肉がほぐれて漬け汁が煮つまってきたら、長ねぎを加えて炒める。豆苗を加えてサッと炒め合わせる。

BEEF 03

牛肩肉のおろし玉ねぎワイン漬け

安価な肩肉でも、すりおろし玉ねぎと赤ワインで漬ければ驚くほどやわらかく、おいしくなります。肩以外の部位でももちろんOK。赤身がおすすめです。

そのまま
カンタン調理例

バーベキューや焼き肉に

カレーに

好みの野菜と煮こみ料理に

【材料 主菜ならおよそ２人分】

牛肩肉ステーキ用…250〜300ｇ
玉ねぎ…½個
にんにく…½片

A
- 赤ワイン…大さじ２
- しょうゆ…小さじ１
- 塩…小さじ⅓
- こしょう…少々

【作り方】

1 玉ねぎ、にんにくはともにすりおろし、保存袋に入れる。Aを加え、袋の上からもんでよく混ぜる。
2 牛肩肉ははさみで筋を切る。1に加え、さらにもむ。
3 空気を抜きながら口を閉じ、平たくして冷凍する。

太い筋があると食べにくいので、冷凍前または調理前にキッチンばさみで筋切りをするとよい。

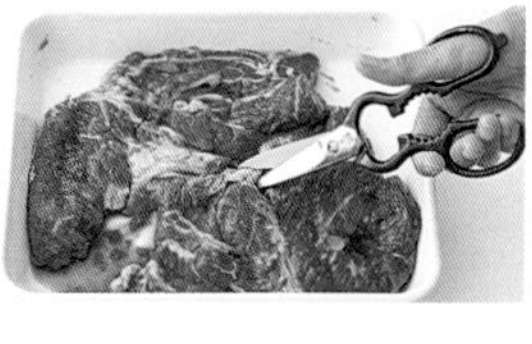

ARRANGE 1

即席ビーフシチュー

解凍して調理

【 材料 2人分 】

牛肩肉のおろし玉ねぎワイン漬け…１袋分
玉ねぎのみじん切り…½個分
にんにくのみじん切り…１片分
マッシュルーム…½パック
セロリ…１本
バター(またはオリーブオイル)…大さじ１
小麦粉…大さじ½
じゃがいも…２個
クレソン…適量

A
カットトマトの水煮缶…½缶(200ｇ)
赤ワイン…150mℓ
顆粒コンソメスープの素…小さじ⅓
ローリエ…１枚
水…100mℓ

【 作り方 】

1. 解凍した[牛肩肉のおろし玉ねぎワイン漬け]は汁けをきってひと口大に切る。小麦粉適量(分量外)を薄くまぶす。
2. マッシュルーム、セロリは薄切りにする。
3. フライパンにバターを熱し、玉ねぎ、にんにく、**2**を入れて炒める。しんなりしたら**1**を加えて肉の両面を焼きつける。小麦粉をふり入れて炒め、粉っぽさがなくなったら**A**、保存袋に残った漬け汁を加える。
4. 煮立ったら弱火にし、ふたをして30〜40分、肉がやわらかくなるまで煮る。焦げつかないようにときどき鍋底から混ぜる。
5. じゃがいもは皮つきのまま１個ずつラップで包み、電子レンジで約２分30秒加熱する。やわらかくなったら皮をむく。**4**を器に盛り、じゃがいも、クレソンを添える。

時短POINT

ステーキ肉だから何時間も煮こむ必要ナシ

肩肉とはいえステーキ用ですから、シチュー用肉ほど長時間煮こまなくてもやわらかくなります。ワインに漬けてあればなおさら。

牛肩肉のおろし玉ねぎワイン漬け

ARRANGE 2

下味がついているから
ソースなしでおいしい

ビーフカツレツ

解凍して調理

【 材料　2人分 】

牛肩肉のおろし玉ねぎワイン漬け
…1袋分
溶き卵…1個分
小麦粉・パン粉…各適量
レタス・プチトマト…各適量
揚げ油…適量

【 作り方 】

1 解凍した[牛肩肉のおろし玉ねぎワイン漬け]は汁けをきって小麦粉、溶き卵、パン粉の順に衣をつける。

2 フライパンに牛肉の厚みの1/3程度の揚げ油を入れ、**1**を重ならないように並べて中火にかける。ふつふつしてきたら弱火にし、約3分揚げる。片面が薄いキツネ色になったら返し、同様に約2分ゆっくりと揚げ、バットにとって油をきる。

3 **2**を食べやすく切って器に盛り、ざく切りにしたレタス、縦半分に切ったプチトマトを添える。

\\一度漬けたほうがグンとおいしくなる！//

牛肩肉のステーキ

解凍して調理

【 材料 2人分 】

牛肩肉のおろし玉ねぎ
　ワイン漬け…1袋分
玉ねぎ…1㎝厚さの輪切り2枚
トマト…1個
赤ワイン…大さじ1
オリーブオイル…大さじ1
バター…大さじ1
こしょう…少々
クレソン…適量

【 作り方 】

1 解凍した[牛肩肉のおろし玉ねぎワイン漬け]の牛肉は汁けをきり、こしょうをふる。トマトはヘタを取って半分に切る。
2 フライパンにオリーブオイル、バターを熱して牛肉を入れる。空いたところに玉ねぎ、トマトも入れて中火で焼く。
3 片面に焼き色がついたら返し、赤ワインをふってふたをし、30秒ほど蒸し焼きにする。
4 **3**を器に盛り合わせ、クレソンを添える。
5 保存袋に残った漬け汁をフライパンに入れ、こそげるようにして煮つめ、**4**にかける。

\\牛乳と相性のいいみそが隠し味//

牛肉のクリームシチュー

解凍して調理

【 材料 2人分 】

牛肩肉のおろし玉ねぎ
　ワイン漬け…1袋分
玉ねぎのみじん切り…½個分
しめじ…1パック
にんじん…⅓個
スナップえんどう…6本
牛乳…150㎖
小麦粉…大さじ½
バター…大さじ1
オリーブオイル…大さじ1
粗びき黒こしょう…少々
A
みそ…小さじ⅓
顆粒コンソメ
　スープの素…小さじ½
水…300㎖

【 作り方 】

1 しめじは石づきを落として小房に分ける。にんじんは7㎜厚さの輪切りにする。
2 解凍した[牛肩肉のおろし玉ねぎワイン漬け]は汁けをきってひと口大に切る。小麦粉適量(分量外)を薄くまぶす。
3 フライパンにバターを熱して**2**を入れ、返しながら焼く。表面がカリッとしたら一度取り出す。
4 フライパンにオリーブオイルを足して熱し、**1**、玉ねぎを入れて炒める。油が回ったら小麦粉を加え、粉っぽさがなくなるまで炒める。**A**を加える。混ぜながら中火で煮て、とろみがついてきたら**3**を戻し入れる。ふたをして弱火で20分煮る。
5 牛肉がやわらかくなったら牛乳を加え、さらに弱火で10分ほど煮る。スナップえんどうの筋を取り、斜め半分に切って加え、ひと煮する。器に盛り、粗びき黒こしょうをふる。

PART 4

ひき肉の下味冷凍でスピードおかず

安くて使いやすい食卓の強い味方・ひき肉も、もちろん下味冷凍できます！
豚ひき、合いびき、鶏ひき肉の下味冷凍ダネとアレンジレシピをご紹介します。

GROUND MEAT 01

豚ひき肉のオイスターしょうゆ味

しょうがの風味とピリ辛豆板醤をきかせた、コクのあるしっかり味。
中華風のアレンジが自在な冷凍ダネです。

そのまま カンタン調理例

- シュウマイのタネに
- 豆腐や厚揚げと炒めて
- チャーハンや焼きそばの具に
- 丸めてから冷凍すれば肉だんごストックに

【材料 主菜ならおよそ2人分】

豚ひき肉…250g
万能ねぎ…6本

A
- しょうがのすりおろし…小さじ1
- オイスターソース…大さじ$1\frac{1}{3}$
- しょうゆ…大さじ$\frac{1}{2}$
- ごま油…小さじ1
- 酒…小さじ1

【作り方】

1 保存袋に**A**を入れ、袋の上からもんでよく混ぜる。万能ねぎを小口切りにして加える。

2 豚ひき肉を加え、あまり練らないように注意しながら、調味料がまんべんなくいきわたるまで箸やゴムべらなどで混ぜる。

3 空気を抜きながら口を閉じ、平たくして、半分ほどのところに箸で筋をつけてから冷凍する。

ARRANGE 1

\\ 巷で人気の麺がおウチで再現できちゃう //

汁なしマーボー麺

半解凍でもOK

【 材料 2人分 】

豚ひき肉のオイスターしょうゆ味…1袋分
木綿豆腐…½丁（150g）
中華麺…2玉
豆苗…½パック
白練りごま…50g
ごま油…小さじ3
ラー油…少々

A
- 片栗粉…小さじ½
- 顆粒中華スープの素…小さじ½
- 水…200mℓ

【 作り方 】

1. フライパンにごま油小さじ1を熱し、解凍または半解凍した［豚ひき肉のオイスターしょうゆ味］を入れてポロポロになるまで炒める。豆腐をスプーンですくって加え、ざっと炒める。
2. **A**を合わせて回し入れ、混ぜながら中火で約2分煮る。白練りごま（固ければ少量の煮汁で溶いてから）を加えて大きく混ぜ、なじませる。
3. 鍋に湯を沸かし、根元を落とした豆苗をサッとくぐらせて取り出し、水けを絞る。同じ湯で中華麺を袋の表示時間通りにゆでる。ざるにあげて水けをきり、器に盛ってごま油小さじ2を回しかけ、サッとからめる。
4. 麺に**2**をかけ、豆苗を添える。ラー油をふり、混ぜていただく。

豚ひき肉のオイスターしょうゆ味

ARRANGE 2

皮ではさむだけだから
簡単・手間なし・時短！

包まない餃子

解凍して調理

【 材料　2人分 】

豚ひき肉のオイスターしょうゆ味…1袋分
餃子の皮…12枚
ニラ…½わ
片栗粉…小さじ1
ごま油…適量
しょうがのせん切り・酢…各適量

【 作り方 】

1 ニラは小口切りにして片栗粉をまぶし、解凍した[豚ひき肉のオイスターしょうゆ味]の袋に加えて袋の上からもんで混ぜる。卵焼き器(または直径18cmほどのフライパン)の大きさに合わせてまとめる。
2 卵焼き器に薄くごま油を塗り、餃子の皮6枚を少しずつ重ねながら敷きつめる。
3 **1**の袋を切り開いて**2**にのせ、上に残りの皮をのせる。弱めの中火にかけて3分ほど焼き、下の皮に焼き色がついたら平皿などに一度あけて戻し、上下を返す。
4 へらで軽くおさえて皮とあんをなじませ、ふちから水50mℓを注ぐ。アルミホイルでふたをし、水けがなくなるまで2～3分蒸し焼きにする。
5 ごま油少々を回しかけ、皮がパリッとするまでさらに焼く。取り出して食べやすい大きさに切り、好みでしょうがのせん切り、酢を添えていただく。

時短POINT

1個ずつ包まなくてもリッパな餃子に

手間と時間がかかる餃子を時短メニューに変えてしまうのが皮であんを“はさむ”ワザ。丸いフライパンでもOKですが、卵焼き器で四角く焼くのが切り分けやすくておすすめです。

ARRANGE 3

大きな肉茶わん蒸し

解凍して調理

【 材料　2人分 】

豚ひき肉のオイスターしょうゆ味…1袋分
溶き卵…2個分
酒…大さじ1
万能ねぎの小口切り…2本分
豆板醤…小さじ1/5

【薬味ソース】

干しえび…5g
にんにくのみじん切り…1/2片分
ごま油…大さじ1/2
ナンプラー…小さじ1/2

※そのままでもしっかり味がついているので、薬味ソースはなくても可

【 作り方 】

1 解凍した[豚ひき肉のオイスターしょうゆ味]の袋に水150㎖、酒を加えて箸でほぐす。

2 溶き卵を加え、袋の上からもんで全体がなじむまで混ぜ、耐熱の器に注ぎ入れる。

3 湯気のあがった蒸し器で約15分蒸す(器の高さの半分程度までの熱湯を沸かした鍋に入れて蒸しても可)。

4 薬味ソースを作る。干しえび、にんにくは粗みじん切りにして耐熱ボウルに入れ、ごま油を回しかけて、カリッとするまで電子レンジで20〜30秒加熱する。ナンプラーを加えて混ぜる。

5 **3**の表面に透き通った汁が浮いてきたら蒸しあがり。**4**をかけ、万能ねぎ、豆板醤を添える。

時短POINT

保存袋の中で混ぜ合わせて洗いものナシ

タネに水を注いで少しゆるめてから溶き卵を加え混ぜます。ひき肉入りの卵液が保存袋の中だけで作れるから、ボウルは必要ありません。

\\シャキシャキ青菜には肉あんがテッパン//

チンゲン菜の肉あんかけ

半解凍でもOK

【 材料 2人分 】

豚ひき肉のオイスターしょうゆ味…½袋分
チンゲン菜…大1株(150g)
ごま油…少々

A
片栗粉…小さじ½
顆粒中華スープの素…小さじ¼
酒(あれば)…大さじ1
水…150mℓ

【 作り方 】

1 チンゲン菜は葉と茎に切り分け、茎は縦8等分に、葉はざく切りにする。

2 鍋にごま油を熱し、解凍または半解凍した[豚ひき肉のオイスターしょうゆ味]を入れて、ほぐしながらポロポロになるまで炒める。混ぜ合わせた**A**を加える。

3 煮立ったら**1**を加えてざっと混ぜ、ふたをして約1分煮る。

\\肉ダネがあれば汁ものもランクアップ//

わかめとひき肉の卵スープ

半解凍でもOK

【 材料 2人分 】

豚ひき肉のオイスターしょうゆ味…½袋分
カットわかめ(乾燥)…ひとつまみ(5g)
卵…1個
顆粒中華スープの素…小さじ1
ごま油…少々

【 作り方 】

1 鍋にごま油を熱し、解凍または半解凍した[豚ひき肉のオイスターしょうゆ味]を入れて、ほぐしながらポロポロになるまで炒める。

2 水350mℓ、顆粒中華スープの素を加えて約2分煮る。

3 カットわかめを加え、煮立ったところに溶きほぐした卵を回し入れ、火を止める。ふたをして約30秒蒸らしてから器に盛る。

GROUND MEAT 02

合いびき肉のパクチーナンプラー漬け

さわやかな香りの刻みパクチーとナンプラーで合いびき肉を味つけ。
エスニック料理を作ったことがない人でも気軽にチャレンジできます。

そのまま カンタン調理例

- 野菜と炒めて
- 春巻きのタネに
- 炒めて麺類にかけて
- 肉だんごにして スープや鍋料理に

【材料 主菜ならおよそ2人分】

合いびき肉…250g
香菜（パクチー）…2株

A
- にんにくのすりおろし…小さじ1
- ナンプラー…大さじ1
- 砂糖…小さじ½
- 酒…小さじ1
- ごま油…小さじ1
- こしょう…少々

【作り方】

1. 香菜は細かく刻む。
2. 保存袋に**A**、**1**を入れ、袋の上からもんでよく混ぜる。
3. 合いびき肉を加え、あまり練らないように注意しながら、調味料がまんべんなくいきわたるまで箸やゴムべらなどで混ぜる。
4. 香菜の根があれば洗って取り出しやすいところに加える。空気を抜きながら口を閉じ、平たくして半分ほどのところに箸で筋をつけてから冷凍する。

ARRANGE 1

ガパオ炒めのレタス包み

半解凍でもOK

【 材料 2人分 】

合いびき肉のパクチー
　ナンプラー漬け…1袋分
なす…2本
玉ねぎ…⅓個
バジルの葉…ひとつかみ
レタス…適量
ごま油…少々

A
豆板醤…小さじ⅓
砂糖…小さじ½
酒…大さじ1

【 作り方 】

1. なすは2cm角、玉ねぎは1cm角に切る。
2. フライパンにごま油を熱し、解凍または半解凍した［合いびき肉のパクチーナンプラー漬け］を入れてほぐしながら炒める。半分程度火が通ったら、**1**を加えてざっと炒め合わせる。
3. **A**を加えて大きく混ぜ、ふたをして中火で約2分蒸し焼きにする。ふたを取り、バジルの葉をちぎって加え、さらに2分ほど炒める。
4. 器に盛り、レタス、バジルの葉適量（分量外）を添える。レタスで包んでいただく。

合いびき肉のパクチーナンプラー漬け

ARRANGE 2

\\ 本格エスニックカレーがたった10分で //

ひき肉のココナッツミルクカレー

半解凍でもOK

【 材料 2人分 】

合いびき肉のパクチー
ナンプラー漬け…1袋分
玉ねぎ…⅓個
たけのこの水煮…100g
カラーピーマン(赤・黄)…計2個
カレー粉…大さじ2
ごま油…小さじ2
ご飯…適量
香菜・ライムの輪切り…各適量

A
ココナッツミルク…200mℓ
顆粒中華スープの素…小さじ¼
酒…大さじ1
水…大さじ2

【 作り方 】

1. 玉ねぎは1cm幅のくし形切りに、たけのこの水煮は薄切りに、カラーピーマンは種とワタを除いてひと口大の乱切りにする。
2. 鍋またはフライパンにごま油を熱し、解凍または半解凍した[合いびき肉のパクチーナンプラー漬け](あれば根も)を入れてほぐしながら炒める。ひき肉がポロポロになったらカレー粉をふり入れ、**1**を加えて油とカレー粉が全体になじむまで炒める。
3. **A**を加えて大きく混ぜ、ふたをして2〜3分蒸し煮する。ふたを取って2分ほど煮つめる。
4. 器にご飯を盛り、**3**をかける。好みで香菜、ライムを添える。

時短POINT

ルウは使わずカレー粉だけで。煮こまなくていい!

固形のルウは煮溶かすためにある程度煮こむ必要がありますが、カレー粉だけなら、よく炒めて香りを立たせたら、数分煮るだけでOK。

ARRANGE 3

＼＼炒めたきゅうりの食感がクセになる／／

ひき肉ときゅうりのピリ辛炒め

半解凍でもOK

【材料 2人分】

合いびき肉のパクチーナンプラー漬け…½袋分
きゅうり…2本
赤唐辛子…1本
酢…大さじ2
ごま油…小さじ2
A 片栗粉…小さじ½
　水…大さじ1

【作り方】

1 きゅうりは縞目に皮をむき、縦半分に切ってから斜め1㎝幅に切る。

2 フライパンにごま油を熱し、解凍または半解凍した[合いびき肉のパクチーナンプラー漬け]、輪切りにした赤唐辛子を入れてほぐしながら炒める。ポロポロになったら1のきゅうりを加えてサッと炒める。

3 酢を加え、香ばしい香りが立つまでさらに2分ほど炒める。合わせたAを回し入れ、とろみがつくまで混ぜながら炒める。

ARRANGE 4

＼＼低カロリーだけどお腹にたまる／／

春雨とひき肉の食べるスープ

半解凍でもOK

【材料 2人分】

合いびき肉のパクチーナンプラー漬け…½袋分
大豆もやし…½袋
長ねぎ…⅓本
春雨…30ｇ
かいわれ菜…適量
顆粒中華スープの素…小さじ1
こしょう…少々
ごま油…少々

【作り方】

1 長ねぎは斜め薄切りにする。大豆もやし、春雨はサッと洗って水けをきる。春雨ははさみで食べやすい長さに切る。

2 鍋にごま油を熱し、解凍または半解凍した[合いびき肉のパクチーナンプラー漬け]、長ねぎを入れてほぐしながら炒める。ポロポロになったら大豆もやし、水400㎖、顆粒中華スープの素を加える。

3 煮立ったら春雨を加え、中火で約4分煮る。器に盛ってこしょうをふり、根元を落としたかいわれ菜を散らす。

GROUND MEAT 03

豚ひき肉と長いものしょうがみそ漬け

つぶした長いもの粘りがひき肉によくからみ、全体をまとめてくれます。
豚肉と相性抜群のしょうが、みそで味つけしたら、和風おかずにアレンジがきく冷凍ダネに。

そのまま カンタン調理例

小判形に成形して
和風ハンバーグに

炒めて肉みそに

肉だんごにして
野菜とけんちん汁風

【材料 主菜ならおよそ2人分】

豚ひき肉…250g
長いも…80g

A
- しょうがのすりおろし…小さじ1
- みそ…大さじ1
- 酒…小さじ2
- みりん…小さじ1

【作り方】

1 保存袋にAを入れ、袋の上からもんでよく混ぜる。

2 長いもは皮をむいて適当な大きさに切り、1に加える。袋の上から麺棒などで軽くたたいて粗くつぶす。

3 豚ひき肉を加え、袋の上からもんで混ぜる。全体がなじんだら空気を抜きながら口を閉じ、平たくして、半分ほどのところに箸で筋をつけてから冷凍する。

ARRANGE 1

肉だんごとえのきのサッと煮

解凍して調理

【 材料 2人分 】

豚ひき肉と長いもの
しょうがみそ漬け…1袋分
えのき…1パック(100g)
だし汁…300mℓ
しょうゆ…大さじ1
酒(あれば)…大さじ1
三つ葉…適量
A | 溶き卵…½個分
A | 片栗粉…小さじ1

【 作り方 】

1 解凍した[豚ひき肉と長いものしょうがみそ漬け]の袋にAを加え、袋の上からもんでなじむまで混ぜる。
2 えのきは石づきを落とす。三つ葉は葉をつみ、茎は刻む。
3 鍋にだし汁、しょうゆ、酒を入れて煮立て、煮立ったら弱火にし、1の袋の端を切ってだんご状に絞り出して落とす。弱めの中火にし、アクが出たらひきながら約4分煮る。
4 えのきを加えてサッと煮る。器に盛り、三つ葉を散らす。

時短POINT

袋の端を切り、鍋にそのまま絞り出して

保存袋の角をはさみで切り、絞り出して煮汁に落とすと手軽です。タネがゆるくて作業しづらいときは、スプーンに一度とってから。

豚ひき肉と長いものしょうがみそ漬け

食べごたえバッチリのみそ味肉ピザ

ARRANGE 2

豚ひき肉のピザ風チーズ焼き

凍ったままでOK

【材料 2人分】

豚ひき肉と長いものしょうがみそ漬け…1袋分
玉ねぎ…⅓個
プチトマト…8個
ピザ用チーズ…60g
ベビーリーフ・バジルなど好みの葉野菜やハーブ…適量

【作り方】

1 玉ねぎは薄切りにし、プチトマトは横半分に切る。
2 アルミホイルの上に[豚ひき肉と長いものしょうがみそ漬け]を凍ったままのせ、1、ピザ用チーズを散らす。
3 オーブントースターで約15分焼く。火が通っていない場合は、様子を見ながらさらに5分ほど焼く。
4 食べやすい大きさに切り分け、器に盛って葉野菜をトッピングする。

ARRANGE 3

＼＼タネと味つけに卵を無駄なく使える／／

レンジ茶きん蒸し しょうゆ卵のせ

解凍して調理

【 材料 2人分 】

豚ひき肉と長いもの
　しょうがみそ漬け
　…１袋分
卵…１個
カットわかめ(乾燥)
　…ひとつまみ(５g)
しょうゆ…大さじ１
白いりごま…少々

【 作り方 】

1 卵は卵黄と卵白に分け、卵黄は小さいボウルに入れてしょうゆをかけ、15分ほどおく。

2 カットわかめは水に２分ほどひたして戻し、水けを絞る。

3 解凍した[豚ひき肉と長いものしょうがみそ漬け]の袋に溶きほぐした卵白、**2** を加え、袋の上からもんで混ぜ合わせる。

4 **3** を４等分してそれぞれラップで丸く包み、耐熱皿にのせて電子レンジで２分30秒加熱する。あら熱がとれるまでそのままおく。

5 ラップをはずして器に盛り、**1** のしょうゆ卵黄を４等分してそれぞれにのせ、白いりごまをふる。

＼＼凍ったままつめるからカンタン！／／

油揚げの肉づめ焼き

凍ったままでOK

【 材料 2人分 】

豚ひき肉と長いもの
　しょうがみそ漬け…１袋分
油揚げ…３枚
青じそ…６枚
練りがらし…適量

【 作り方 】

1 [豚ひき肉と長いものしょうがみそ漬け]は室温に２～３分おいて表面を溶かし、半解凍して６等分に切る。

2 油揚げは半分に切って袋状に開き、**1** と青じそ１枚ずつをそれぞれつめる。

3 フライパンに **2** を並べて弱火にかけ、温まったら水50㎖を注いでふたをし、５～６分蒸し焼きにする。

4 フライパンに残った水けをペーパーでふき、裏返す。再びふたをして弱火で５分ほど焼く。

5 真ん中を軽く押して固ければ中まで火が通っている。半分に切って器に盛り、からしを添える。

ARRANGE 4

GROUND MEAT 04

鶏ひき肉と豆腐のしょうゆ味

脂が少なく、食べやすい鶏ひき肉を豆腐と合わせてさらにあっさりひき肉ダネに。
豆腐はふわっとやわらかな食感を加えてくれます。

そのまま カンタン調理例

- 野菜と炒めて
- 炒めてそぼろ丼に
- ピーマンの肉づめに
- 成形して焼いて豆腐ハンバーグに

【 材料　主菜ならおよそ2人分 】

鶏ひき肉…250g
木綿豆腐…100g
A
しょうがのすりおろし…大さじ½
しょうゆ…大さじ1⅓

【 作り方 】

1 保存袋に**A**を入れて混ぜる。
2 豆腐をちぎりながら加える。袋の上からもんで豆腐をさらにつぶす。
3 鶏ひき肉を加え、袋の上からもんで混ぜる。全体がなじんだら空気を抜きながら口を閉じ、平たくして、半分ほどのところに箸で筋をつけてから冷凍する。

ARRANGE 1

ひき肉キューブのチャンプルー

凍ったままでOK

【 材料　2人分 】

鶏ひき肉と豆腐の
　しょうゆ味…１袋分
水菜…１わ
長ねぎ…１本
小麦粉…適量
ごま油…少々
塩・こしょう…各少々
削り節…ひとつかみ

【 作り方 】

1 ［鶏ひき肉と豆腐のしょうゆ味］は室温に２〜３分おいて表面を溶かし、半解凍して2㎝角に切る。小麦粉を薄くまぶす。

2 水菜は４〜５㎝長さのざく切りに、長ねぎは斜め薄切りにする。

3 フライパンにごま油を入れて**1**を並べ、中火にかける。温まったら弱火にし、３〜４分、ゆっくりと焼き色がつくまで焼く。返して同様に3分ほど焼く。

4 **2**を加えて大きく混ぜながら炒め合わせ、塩、こしょうで味をととのえる。器に盛り、削り節をのせる。

鶏ひき肉と豆腐のしょうゆ味

ARRANGE 2

チキンミートローフ

解凍して調理

豆腐とパン粉の効果でふんわり食感

【 材料 2人分 】

鶏ひき肉と豆腐のしょうゆ味…1袋分
溶き卵…1個分
パン粉…大さじ3
ベビーリーフ…適量

A トマトケチャップ…大さじ1⅓
ウスターソース…大さじ1

【 作り方 】

1. 解凍した[鶏ひき肉と豆腐のしょうゆ味]の袋に溶き卵、パン粉を加え、袋の上からしっかりともんでなじませる。
2. アルミホイルに薄くサラダ油適量(分量外)を塗る。**1**の袋を切り開いてのせ、ホイルで包む。
3. 天板にのせ、オーブントースター(1000W)に入れて約15分焼く(220℃に予熱したオーブンで約15分でもOK)。真ん中を軽く押して固ければ中まで火が通っている。
4. あら熱がとれるまでおき、食べやすい厚さに切ってベビーリーフとともに器に盛る。しみ出した肉汁と**A**を混ぜ合わせてソースを作る。

時短POINT

型いらず！包むだけミートローフ

ミートローフは本来、型に入れてオーブンで焼きますが、肉ダネをアルミホイルで包み、オーブントースターで焼く簡単バージョンに。

ARRANGE 3

\\ 大人も子どもも大好きなフィンガーフード //

チキンナゲット風 ひと口揚げ

解凍して調理

【材料 2人分】

鶏ひき肉と豆腐のしょうゆ味 …1袋分
溶き卵…1個分
パン粉…大さじ6
こしょう…少々
揚げ油…適量
レモンの半月切り…1枚
サニーレタス…適量

【作り方】

1 解凍した[鶏ひき肉と豆腐のしょうゆ味]の袋に溶き卵、パン粉、こしょうを加え、袋の上からしっかりともんでなじませる。

2 揚げ油を中温(170℃)に熱し、**1**をスプーンですくってひと口大に落とす。転がしながらキツネ色になるまで揚げる。

3 油をきり、器に盛る。サニーレタス、レモンを添える。

魚の下味冷凍でスピードおかず

魚の種類によっては旬以外にまったく出回らないこともありますが、
通年、比較的手に入りやすいのが鮭とぶりです。

FISH 01

鮭のレモン塩麹漬け

今やスーパーでも買えるようになった塩麹。手作りするのも簡単です。
うまみたっぷりの塩麹にレモンのさわやかさをプラスして鮭を漬けます。

そのまま
カンタン調理例

- 小麦粉をまぶしてムニエルに
- レンチンしてお弁当の一品に
- 水やだし汁で野菜とサッと煮
- パン粉をふってオーブン焼きに

【材料 主菜ならおよそ2人分】

生鮭…2切れ(約240g)
レモンの輪切り…3枚

A
- 塩麹…大さじ1½
- レモン汁…小さじ1
- 水…大さじ1

【作り方】

1 鮭は1切れを3～4等分(ひと口大)のそぎ切りにする。
2 保存袋に**A**を入れ、袋の上からもんでよく混ぜる。
3 **1**を加え、鮭に調味料をなじませてからレモンの輪切りを加える。空気を抜きながら口を閉じ、平たくして冷凍する。

ARRANGE 1

鮭の焼きマリネ

半解凍でもOK

【 材料 2人分 】

鮭のレモン塩麹漬け…１袋分
れんこん…100ｇ
ピーマン…２個
オリーブオイル…大さじ１
A ポン酢しょうゆ…大さじ２
　オリーブオイル…大さじ½

【 作り方 】

1 れんこん、ピーマンはともに１㎝厚さの輪切りにする。
2 フライパンにオリーブオイルを熱し、解凍または半解凍した［鮭のレモン塩麹漬け］の鮭を汁けをきりながら入れ、返しながら中火で焼きつける。れんこん、ピーマンも同様に焼く。
3 バットにAを入れて混ぜ合わせ、焼けたものから順にバットにとってマリネする。一度上下を返し、10分ほど漬けたらできあがり。

時短POINT

熱いうちに漬けるから
すぐに味がしみる！

焼いたそばからマリネ液の入ったバットにとって漬けることで、短時間で味がしみこみやすくなります。すぐに食べても、翌日でもおいしくいただけます。

鮭のレモン塩麹漬け

鮭と玉ねぎのワイン蒸し

凍ったままでOK

【 材料 2人分 】

鮭のレモン塩麹漬け…1袋分
玉ねぎ…$\frac{2}{3}$個
プチトマト…12個
白ワイン…50mℓ
パセリのみじん切り…大さじ1
こしょう…少々
オリーブオイル…少々

【 作り方 】

1 玉ねぎは薄切りにする。
2 鍋またはフライパンにオリーブオイルを塗り、玉ねぎを敷きつめる。凍ったままの[鮭のレモン塩麹漬け]を漬け汁ごとのせる。
3 白ワインを回しかけ、ふたをして火にかけ、蒸気が立ってきたら弱めの中火にし、8分ほど蒸し煮にする。
4 プチトマトのヘタを取って散らし、ふたをしてさらに2分煮る。器に盛り、パセリ、こしょうをふる。

\\ 磯の香りをまとわせてカラッと揚げる //

鮭ののり巻き天ぷら

解凍して調理

【 材料 2人分 】

鮭のレモン塩麹漬け…１袋分
焼きのり(21cm×19cm)…１枚
ししとう…４本
揚げ油…適量
A
小麦粉…大さじ３
片栗粉…大さじ１
水…70mℓ

【 作り方 】

1 ししとうははさみでヘタの先を切り、１か所に小さく切り目を入れる(破裂を防ぐため)。焼きのりは８等分に切る。
2 解凍した[鮭のレモン塩麹漬け]の鮭の汁けをふいて焼きのりで巻き、薄く小麦粉適量(分量外)をまぶす。
3 揚げ油を中温(170℃)に熱し、混ぜ合わせた**A**に**2**をくぐらせて入れ、カリッとするまで揚げる。レモンも同様に衣にくぐらせて揚げる。
4 **1**のししとうはそのまま油に10秒ほど入れて素揚げにし、添える。

\\ ご飯にうつったレモンの香りがさわやか //

ARRANGE 4

鮭とひじきの炊きこみご飯

解凍して調理

【 材料 3～4人分 】

鮭のレモン塩麹漬け…１袋分
米…３合
乾燥ひじき…10ｇ
まいたけ…１パック
A しょうゆ…大さじ1
　酒…大さじ1

【 作り方 】

1 米はといで通常通りに水加減し、**A** を加える。

2 ひじきは10分ほど水につけて戻し、長ければ食べやすく切る。まいたけはひと口大にほぐす。ともに **1** に加える。

3 解凍した[鮭のレモン塩麹漬け]を漬け汁ごと **2** の上にのせ、炊飯する。

ARRANGE 5

\\ だしで煮るだけでしみじみおいしい //

鮭とかぶのさっぱり煮

半解凍
でもOK

【 材料 2人分 】

鮭のレモン塩麹漬け…１袋分
かぶ…２個
だし汁…300mℓ
粒マスタード…適量

【 作り方 】

1 かぶは茎を２cmほど残して葉を落とし、縦４等分ほどのくし形に切る。

2 鍋にだし汁を煮立て、解凍または半解凍した[鮭のレモン塩麹漬け]を漬け汁ごと加える。再び煮立ったら **1** を加える。

3 再び煮立ったら弱めの中火にし、ふたをしてかぶがやわらかくなるまで５分ほど煮る。

4 かぶの葉は食べやすい長さに切り **3** に加えてサッと煮る。器に盛り、粒マスタードを添える。

FISH 02

ぶりのみりんみそ漬け

ぶりとみそは相性バツグンの組み合わせ。ほんのり甘みとしょうがの風味をつけておけば
みそが強くなりすぎずアレンジがきき、調味料を足さなくても味が決まります。

そのまま カンタン調理例

- ソテーして
- 野菜と一緒に ホイル焼きに
- だし汁で煮てみそ煮に

【材料　主菜ならおよそ２人分】

ぶり…２切れ(約240ｇ)

A
- しょうがのすりおろし …大さじ½
- みそ…大さじ１
- みりん…大さじ１
- 水…大さじ１

【作り方】

1. ぶりは１切れを３〜４等分(ひと口大)のそぎ切りにする。
2. 保存袋に**A**を入れ、袋の上からもんでよく混ぜる。
3. **1**を加え、ぶりに調味料をなじませる。空気を抜きながら口を閉じ、平たくして冷凍する。

＼＼香ばしいごまとみそが好相性／／

ARRANGE 1

ぶりのごま竜田揚げ

解凍して調理

【 材料 2人分 】

ぶりのみりんみそ漬け…１袋分
赤ピーマン…１個
白すりごま…大さじ１½
片栗粉…適量
揚げ油…適量
すだち・青じそ…各適量

【 作り方 】

1 解凍した[ぶりのみりんみそ漬け]は軽く汁けをきり、１切れずつ白すりごまをまぶす。赤ピーマンは輪切りにする。
2 揚げ油を中温（170℃）に熱し、赤ピーマンを入れてサッと素揚げする。
3 続いて**1**のぶりに片栗粉をまぶしながら油に入れ、カリッとするまで揚げる。
4 **2**、**3**を器に盛り合わせ、半分に切ったすだち、青じそを添える。

ぶりのみりんみそ漬け

ARRANGE 2

ぶりのみそトマトソース煮

解凍して調理

【材料 2人分】

ぶりのみりんみそ漬け…1袋分
玉ねぎ…½個
なす…2本
いんげん…6本
カットトマトの水煮缶
…1缶(400g)
オリーブオイル…大さじ1
万能ねぎの小口切り…4本分

A
白ワイン…大さじ3
顆粒コンソメスープの素
…小さじ½
こしょう…少々

【作り方】

1 玉ねぎはみじん切りにする。なすは縦半分に切ってから斜め1㎝幅に切る。いんげんは食べやすい長さに切る。

2 フライパンにオリーブオイル大さじ½を熱し、解凍した[ぶりのみりんみそ漬け]の汁けをきって入れ、表面を焼きつけて一度取り出す。

3 フライパンをペーパーでふき、残りのオリーブオイルを熱して**1**を炒める。野菜がしんなりしたらカットトマト缶、**A**、漬け汁を加え、中火で5分ほど煮る。

4 **2**のぶりを戻し入れ、大きく混ぜてからさらに2分ほど煮る。器に盛り、万能ねぎを散らす。

ARRANGE 3

ぶりと厚揚げのオーブン焼き

解凍して調理

【 材料 2人分 】

ぶりのみりんみそ漬け…１袋分
長ねぎ…１本
エリンギ…１本
厚揚げ…小１枚
オリーブオイル…大さじ１
かぼすの輪切り…２枚

【 作り方 】

1 長ねぎは斜め切りに、エリンギは薄切りにする。厚揚げは食べやすい大きさに切る。

2 耐熱皿に薄くオリーブオイル適量（分量外）を塗り、**1**と解凍した［ぶりのみりんみそ漬け］のぶりをバランスよく並べる。漬け汁とオリーブオイルを回しかける。

3 220℃に予熱したオーブンに入れ、焼き色がつくまで15分ほど焼く。かぼすを添える。

著者　石澤清美

料理家。国際中医薬膳師、国際中医師、ハーバルセラピスト。書籍、雑誌、テレビなどで活躍するほか、料理教室も主宰。ヘルシーでおいしく、作りやすいレシピが好評。
https://www.kiyomi-ishizawa.com

STAFF

デザイン　ohmae-d
撮影　廣瀬靖士
校閲　滄流社
執筆・スタイリング　スタジオ アッシュ
編集担当　大平雄一郎

下味冷凍 スピードおかず

著者　石澤清美
編集人　栃丸秀俊
発行人　倉次辰男
発行所　株式会社主婦と生活社
〒104-8357　東京都中央区京橋3-5-7
編集部　TEL 03-3563-5130
販売部　TEL 03-3563-5121
生産部　TEL 03-3563-5125
https://www.shufu.co.jp
製版所　東京カラーフォト・プロセス株式会社
印刷所　大日本印刷株式会社
製本所　大日本印刷株式会社

ISBN978-4-391-15526-6